デジタルマーケティングで売上の壁を超える方法

西井敏恭
オイシックス
チーフマーケティングテクノロジスト

Toshiyasu Nishii
Business Logic and Marketing Basics in the Digital Era

SE SHOEISHA
ECzine イーシージン
MarkeZine BOOKS

はじめに　～この10年で世界はどう変わったか～

この本を手に取っていただき、ありがとうございます。

私はデジタルマーケターとして様々な仕事をしており、特に自社でECサイトを運営する企業の仕事に多く関わってきました。私にとってはじめてのマーケティング書となる本書では、主にECで得た知見をもとに、デジタルマーケターが知っておくべき考え方やノウハウを、わかりやすく紹介したいと思います。

皆さんご存知のとおり、デジタルマーケティングの一分野であるECでは、アマゾンをはじめとする先進企業が最先端のテクノロジーを投入し、激しく競い合っています。ネットを通じて企業が顧客と直接コミュニケーションし、購買に至る過程を可視化できるようになった今、私が学び、実践してきたノウハウは、EC業界だけでなく、これからデジタルマーケティングに携わる人、もう一度自社での取り組みを考えてみたいという人にも参考になるのではないでしょうか。

最初に自己紹介もかねて、私がデジタルマーケティングの世界に入ることになった経緯を簡単に説明したいと思います。

実は私がこの世界に入るきっかけになったのは「世界一周旅行」です。もともと旅行が好きで、大学を卒業した後、2001年に小さなノートPCとギターを持って、2年半かけて世界一周の旅に出ました。まだブログもない時代、アフリカや南米からその日に起きたことを発信していたサイトが思いがけず多くの人たちの目に留まり、帰国後にそのサイトを見ていたネット通販会社の方から「よかったらうちの会社に来ませんか」と声をかけていただいて、最初の会社に入社しました。

入社した2003年頃は、グーグル アドワーズが日本に入ってきて、アフィリエイトサービスがいくつかスタートし、ウェブマーケティングと言われるものが始まったばかりでした。私は小売業者として商品を仕入れるだけでなく、自分で管理画面を見ながら広告の入札をしたり、アフィリエイターと提携の交渉をしたり、SEOのためにHTMLコードを書くようになっていました。3〜4年、そういうかたちで仕事をしながら、ウェブでモノを売る仕組みがわかってくると、商品で差別化できない小売とは違う立場で仕事をしたいと思うようになりました。そのとき、ちょうどウェブマーケティングの担当者を探していたドクターシーラボという化粧品会社に転職し、約6年間、メーカーECに取り組みました。2010年頃にはSNSやスマートフォンを利用する人が増え、ウェブだけでなく位置情報や各種データを使ったデジタルマーケティングへと広がっていきます。私が入ったとき、ECの売上は約20億でしたが、5〜6年で100億くらいまで成長させることができました。

その後、2013年にドクターシーラボを辞めて、再び世界一周に出かけます。最初の旅から10年以上たってから出かけたこの旅行で、私は「世界は大きく変わったな」と実感することになりました。2000年代前半の旅では事前に宿を予約などせず、泊まる場所が見つからなければ野宿（笑）。旅先で日本語のガイドブックは手に入らなかったため、旅行のための情報源は写真がない英語の旅行ガイド『ロンリープラネット』だけ。それを見ながら当てずっぽうにフラフラと旅行をしていました。PCを持ち歩いている人はほとんどいなかったし、Wi-Fiもないのでネットを使いたかったらインターネットカフェに行くしかありませんでした。街を歩こうにも方向がわからないので、太陽を見て、こっちが南だからこっちへ行くかみたいな。そんな感じだったので非常に時間がかかる、ゆっくりした旅でした。

2014年の旅行でそれがどう変わったかというと、スマートフォンを持ち歩くのも、宿にWi-Fiがあるのも当たり前。グーグルマップを使えば道にも迷わないし、事前にネットで宿を押さえられる。象徴的だったのは南米の奥地に行ったときのこと。目的地に着いて宿を探そうとぶらぶらしていたら、日本人がたくさんいる安宿がありました。なぜこんな奥地の宿に日本人がいるのかと思って話を聞いてみたら、旅行者の間で人気のあるブログを見てそこに来ていると言うんです。食べログで評価が高い店に人が集まるみたいなことが、南米の奥地でも起きていたのです。

南米を1年かけて旅行していた人が、今は3か月しか旅行しない。ここがいいと言われているところにピンポイントで移動してしまう。旅行先として人気のところといえば、インスタ受けするところ。さらに誤解を恐れずに言えば、「旅行に行くこと」がゴールではなく、「写真を撮ってインスタグラムにアップして共有すること」がゴールになったりしているのです。以前の私の旅行は、よくわからないけどとりあえず行ってみる、バスが来る時間はわからないけどバス停で待ってみようという感じだったのですが、今はそういう無駄が一切カットされている。本当はそこに面白さがあったりするのですが。こういう変化はあらゆるところで起きていて、消費者行動の変化にどう対応するかがビジネスにおいて大事なポイントとなっています。

2回目の世界一周から戻った私自身にも変化がありました。食品ECのオイシックス（現・オイシックスドット大地）にCMOとして参画しながら、シンクロという自分の会社を立ち上げ、現在では、年商100億くらいのECのコンサルティングをはじめ、モール系や商品点数100万規模の会社のCRM、アプリのマーケティングなど幅広く手掛けるようになりました。最近ではスポーツやカルチャーといった物販とは異なるデジタル事業の支援も行っています。都内でひっそりとやっていた鰻屋さんが食べログの人気で予約困難なお店になったり、ＳＮＳ映えする南米奥地の塩湖に多くの若者たちが訪れるように、これまでデジタルマーケティングと縁遠かった組織や会社にもチャンスがある。今後も、様々な分野にチャレンジしていきたいと考えています。

デジタルマーケティングは、とかくテクノロジーやツールの話になりがちですが、本当に大切なのはビジネスのロジック。自社の売上構造を分析し、どんな顧客から売上が上がっているのかを理解するところから始まり、顧客の層を積み上げていくことで、どうしても超えられなかった売上の壁を超えることができるのです。

本書では私自身のビジネスの経験を踏まえて、多くの方が気づいていないデジタルマーケティングの本当に大切な考え方を解説していきたいと思います。

西井 敏恭

第1章 デジタルでマーケティングはどう変わったか 1

第2章 売上を「新規」と「継続」に分解する 23

第3章

「F2」の壁を超えるには

第6章 優先度の高い広告をやり切る

第7章 サイト改善とKPI

第8章 選ばれるブランドになるには 153

第1章

デジタルでマーケティングはどう変わったか

そもそも「マーケティング」とは？

最初にひとつ質問があります。この本を手に取ってくれた方はマーケティングに興味がある人だと思いますが、「マーケティングとは何か」を日本語で説明するとしたら、あなたはどのように表現しますか？ ちょっと考えてみてください。

この質問をすると「市場調査」「商品開発」「広告」「プロモーション」など、いろんな答えが出てきます。これらは確かに、マーケティングが持つ機能ではありますが、マーケティングそのものを指している言葉ではありません。

私がこの業界に入った頃はSEO（サーチエンジン最適化）やリスティング広告が得意で、自分自身を「ウェブマーケター」だと考えていました。ところが、前職のドクターシーラボに入る際、経営陣の面接を受けたときに「西井君、マーケティングって言葉の意味わかる？」と聞かれたんです。不意をつかれた私は正直に「わかりません」と答えました。

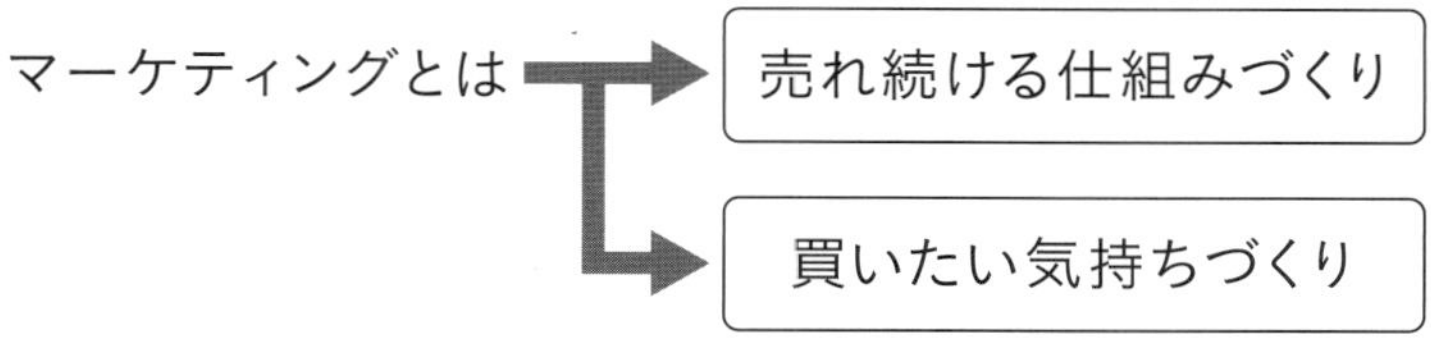

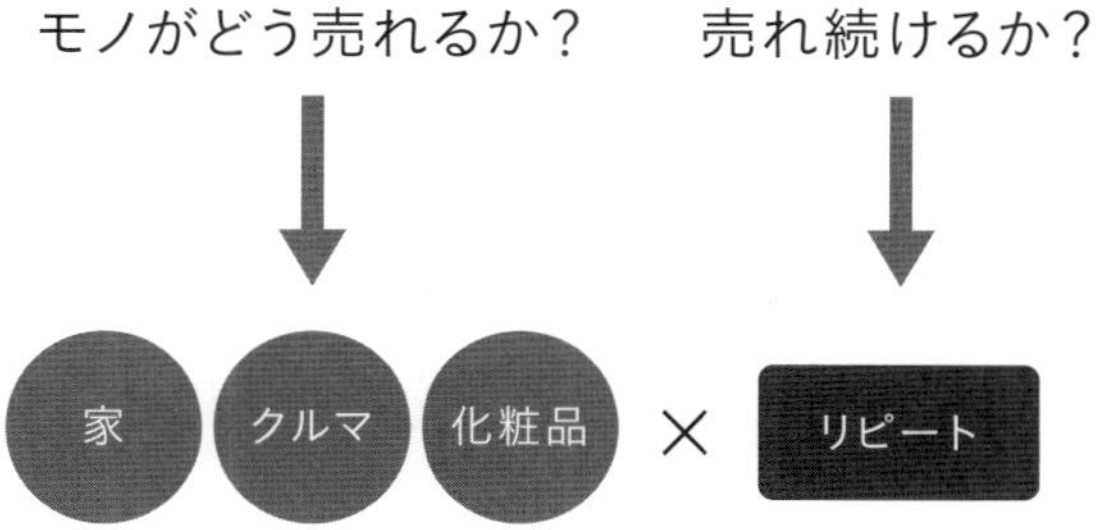

でも、マーケティングという言葉はふわっとした感じで使われることが多くて、実はちゃんと答えられる人はほとんどいないんですよね。本やウェブで調べてみると、様々な定義がありますが、ウィキペディアの「マーケティング」の項にはシンプルに**「売れる仕組み」**という言葉が出てきます。その面接で私は「マーケティングとは売れ続ける仕組みづくり」と教えていただきました。なぜなら、自社の製品やサービスは一度売れば終わりではないからです。

マーケティングという言葉について、もう一人、私に示唆を与えてくれた人がいます。現在所属しているオイシックスドット大地の高島社長です。高島さんはマーケティングを**「買いたい気持ちづくり」**と定義しています。**今まで企業が主体となって「どう売るか」だったマーケティングの世界が、デジタル化によって消費者も情報発信の主体になったとき、企業の「売りたい気持ち」というのは見透かされてしまうようになった。**だから、マーケティングは企業の売りたい気持ちをどのように消費者の買いたい気持ちに変えていくかだと。

マーケターの目線としては「どう売るか」ではなくて「買いたい気持ちをどう作るか」。さらに言えば、**「買いたい気持ちをどう作り続けるか」**が重要になってくるのです。

そう考えると、私が当時得意だったSEO対策もマーケティングのひとつだし、実は「営業」も、「商品開発」「広告」「販促」も、「お店づくり」や「デザイン」「ブランディング」もマーケティングの中に入ってくる。つまり、企業で働いているほとんどの人が、実はマーケティングに関わっていることになります。

本書では、この「売れ続ける仕組みづくり」「買いたい気持ちづくり」の2つの視点を持って、マーケティングについて考えていきたいと思います。

マーケティングファネルに足りないもの

ＰＣやスマートフォンを使い、いつでもどこでもインターネットに接続できるようになったことで、モノがどのように売れるのかを図式化した「ＡＩＤＭＡ」は「ＡＩＳＡＳ」に変化したという話があります。

ＡＩＳＡＳにおける消費者行動をイメージしてみると、たとえば「夏になる前に新しいファンデーションを買っておこうかな」という気づきがまずあって、今どんな新商品がどのくらいの値段で買えるのかを検索したり、フォローしている専門家の投稿

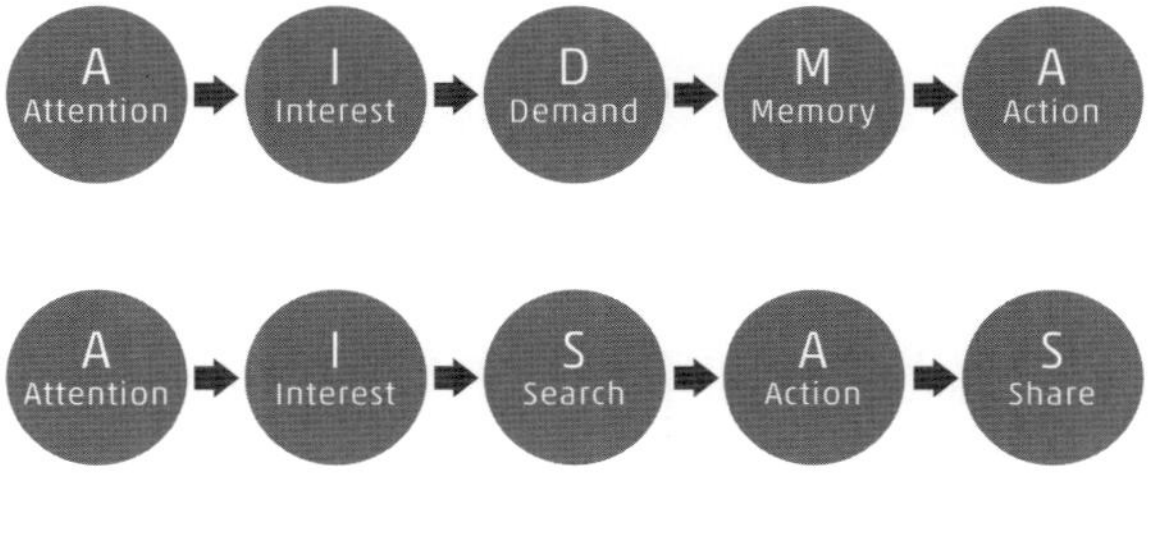

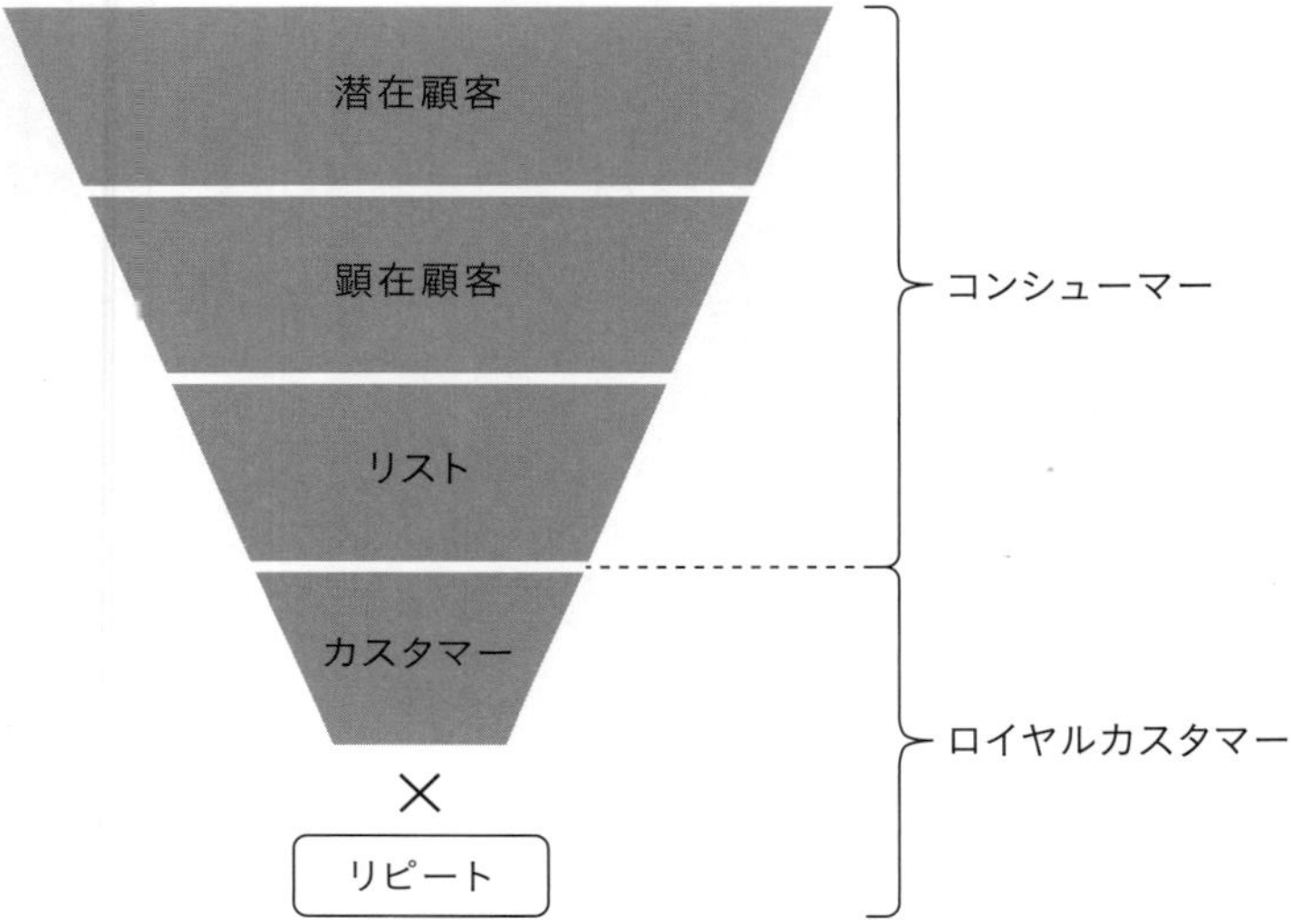

をチェックする。コスメ情報サイトに行って商品を比較し、レビューで評判を確認して、実際に店頭に行って試してみる。購入した後は「やっぱり、〇〇さんがおすすめのファンデーションは良かった！」とSNSに投稿するという流れになります。

単に「一度買う」だけの話なら、この流れの中で顧客とどう接点を持ち、どんな情報を提供していくかという**手段**の話になります。でも、「何度も買い続けてもらう」という視点が入ってくると、1回だけじゃなくて、2回、3回、4回……と**リピートする構造全体を設計する**ことが、デジタルマーケティングで必要なことになってくる。

よくあるマーケティングファネルは、1回の購入のプロセスを図式化したものであって、その後も買い続けてもらうことを考えると、顧客がロイヤルカスタマー（優良顧客）化していくところまでを設計する必要があります。

「2：8の法則（パレートの法則）」が示しているように、顧客全体の2割にすぎないロイヤルカスタマーによって、売上の8割が作られているというのはよくある話です。だからこそ、そこまで含めてマーケティングを考えなければいけません。マーケティング施策のひとつであるブランディングも、ファネルの上の部分だけの話になりがちですが、実はリピートに効いてきたりする。「すべて」に関わってくる話なんですよね。

さらに言えば、ちゃんとリピートしてもらって利益を出せる構造が作れないと、企業が新しい商品を作ったり、サービスを改善すること自体が難しくなる。売上を作る仕組みを構築することで、ユーザーにとってより良い商品やサービスを開発できる。そういう良い循環を作り出していくということも、マーケティングの重要な役割です。

マーケティングには順番がある

続いて、本書のテーマであるデジタルマーケティングについて考えていきたいと思います。まず、マーケティングという大きなフィールドがあり、その中でウェブサイトを中心としたものが「ウェブマーケティング」、アプリからもたらされる位置情報、実店舗のデータ、SNSの投稿など、オンライン/オフライン問わず幅広いデータを活用するものを「デジタルマーケティング」と定義することができると思います。

デジタルマーケティングを始めなければいけないと思っている人の多くは、最新のテクノロジーやツールを導入し、様々なデータを分析してマーケティングを刷新しなければいけないと考えているのではないでしょうか。実はそんなことはありません。

左の図は、2000年以降のデジタルマーケティングのトレンドをまとめたものです。ウェブのバナー広告から始まり、メルマガ、SEOやSEM、アフィリエイトなど、次々

Webマーケティングの変遷

■2000〜2005年

バナー広告、SEO、SEM、メールマガジン、アフィリエイト

■2006〜 2010年

アクセス解析、メールマーケティング、ブログ

■2011〜2015年

SNS、スマートフォン、ビッグデータ、DMP

■2016年〜

AI、AR、VR

と新しい手法が登場してきました。登場してから既に10年以上たっているものもあり、最近注目されている人工知能（AI）やVRなどと比べると、時代遅れの施策と思われるかもしれません。しかし、**これらは売上の土台を作ってくれる大切な施策です。**「うちはもう十分やっているよ」という会社もあると思いますが、**実は意外と「やれていない」場合も多いのです。**

手法の新しさと、その手法の重要性は異なります。もちろん変化の激しいマーケティングの世界では、過去の施策がいつまでも効果を発揮するとは限りません。たとえば2000年代の前半には、懸賞サイト

などでメールマガジンの登録者数を増やし、そのリストに配信することで大きく売上を伸ばしたＥＣサイトもありました。しかし現在、そのような手法をとっている企業はあまりありません。その一方で、ＡＩを使って自動接客してくれるツールが成果を上げている企業もあります。

しかし多くの場合、最新のテクノロジーを導入する前にやるべきことがあります。見込み客のリストとデータがなければ、マーケティングオートメーション（ＭＡ）を入れてもアプローチのしようがないですし、お客様と最低限のコミュニケーションもできていないのに、いきなりＬＩＮＥで頻繁にメッセージを送ったら相手も困ってしまいますよね。そもそもＬＩＮＥを使って何を伝えたいのかを考えなければいけない。これはＢｔｏＣでもＢｔｏＢでも同じことが言えます。

そのことを踏まえて、デジタルマーケティング施策の重要度をあらためて整理したのが左の図です。次々と新たなテクノロジーやツールが登場するこの業界では、最新動向に常に注目が集まります。基本的な施策をしっかりやり切り、自社のビジネスにどのようなイ

デジタルマーケティング施策の重要度

■最重要

SEO、SEM、メールマガジン、アフィリエイト、
スマートフォン最適化、アクセス解析

■次に実施

メールマーケティング、SNS

■進化

ビッグデータ、DMPなど

■次世代マーケティング

AI、AR、VR

ンパクトがあるかを検討したうえでそれらを導入するならよいのですが、必ずしもそうではないケースも散見されます。そして結果が出なければ、「それは使えない、ダメなツールや施策である」という評価になってしまう。それでは誰もしあわせになりません。そうならないためにも、**デジタルマーケターは、「トレンド」と「施策の重要性」の違いをしっかり理解して、自社の戦術を決定していく必要性があります。**

デジタルで何が変わったのか

広告の手法を考えるとき、新聞や雑誌ではなく、ウェブ媒体を使うのがデジタルマーケティングだろうと思っている人も多いと思います。たとえば「化粧品を販売したいのですが、広告を出稿するためにいいウェブ媒体はありますか?」と質問されることがあります。もちろん化粧品情報サイトなど、おすすめできるサイトもあることはあるのですが、「媒体」という考え方自体が、ちょっとズレているということを理解してほしいと思います。

従来のマーケティングとデジタルマーケティングの基本的な構造はほとんど同じですが、**「お客様との接点」**という意味では少しマーケティングの性質が異なります。次の図はデジタルマーケティングの基本的な考え方をまとめたものです。上にある5つの要素「検索」「SNS」「店舗」「紹介」「広告」は企業とお客様の接点です。これまでは「店舗」「紹介」「広告」しかなかったのが、インターネットの時代になって、「検索」や「SNS」

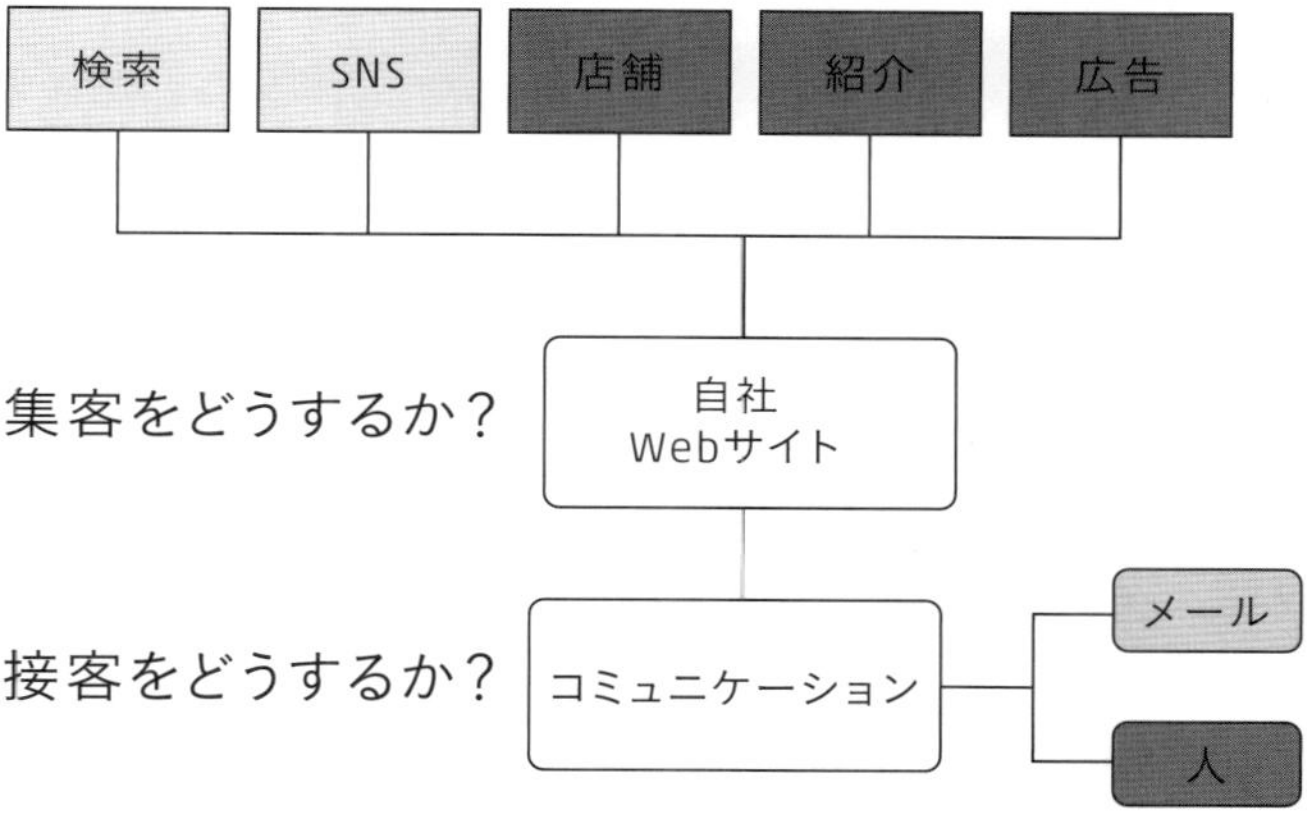

という選択肢が加わりました。

消費者は、従来のように広告や店舗だけでなく、「検索」や「SNS」を通じて商品やサービスを知り、サイトにやってきます。デジタルマーケターはそうやって集客した人たちに、どのようなコミュニケーションをして、購入や成約に至ってもらうかを考えますが、このように一度接点を持った人とコミュニケーションをして接客していく構造というのは、テレビCMや新聞広告を見て電話してくれた人にコミュニケーションする従来のオフラインの通販も同じです。

では、デジタルマーケティングとそれ以前のマーケティングの違いは、単純に検索やSNSなどの接点が増えただけなのでしょうか。先ほどの「化粧品を販売したいのですが、いいウェブ媒体はありますか?」という質問をもう一度思い出してみましょう。この場合、ウェブのコスメ情報サイトを広告媒体として選択すればよいのでしょうか? その答えが間違っているとは言えませんが、**デジタルマーケティングでは、「どの媒体に」よりも「誰に」のほうが重要だということを理解してほしいのです。**

現在のアドテクノロジーでは、ユーザーがどんなウェブサイトを見ているかという閲覧履歴をもとに、個人を特定しないかたちでターゲティングすることが可能です。たとえば、宿泊予約サイトでホテルを探していた人が、そのサイトを離れてニュースサイトを訪れたとき、検討していたホテルが広告として表示されることがあります。つまり現在では「媒体」を超えて、**「その人が何に興味を持っているか」**にフォーカスした広告配信が可能なのです。

逆に、化粧品の情報を探しにたくさんの人が訪れるコスメ情報サイトは非常に競争が激しいので、そこに自社の化粧品の広告を載せるより、まったく違うサイトを見ているときのほうが、広告がクリックされる可能性は高いかもしれません。したがって、先ほどの質問に対しては、「おすすめのサイトがないわけではありませんが、デジタルならもっと違うアプローチもできますよ」と答えたほうが、より成果につながると考えることができます。

デジタルの3つの特性

広告の話を例に出しましたが、あらためてデジタルになったことの本質的な価値を考えてみると、大きく3つにまとめることができると思います。それは「**検索性**」「**双方向性**」「**即時性**」です。検索ができること、企業だけでなく消費者も情報発信ができること、その日その瞬間の状況に合わせたコミュニケーションができること。この3つをしっかりやっていくことが、デジタルマーケティングのいちばん大事なところです。

次の図は、デジタルの3つの重要な特性をまとめたものです。上部に従来のマーケティングの特性があり、下にはそれに対応するデジタルマーケティングの本質的な要素が並ん

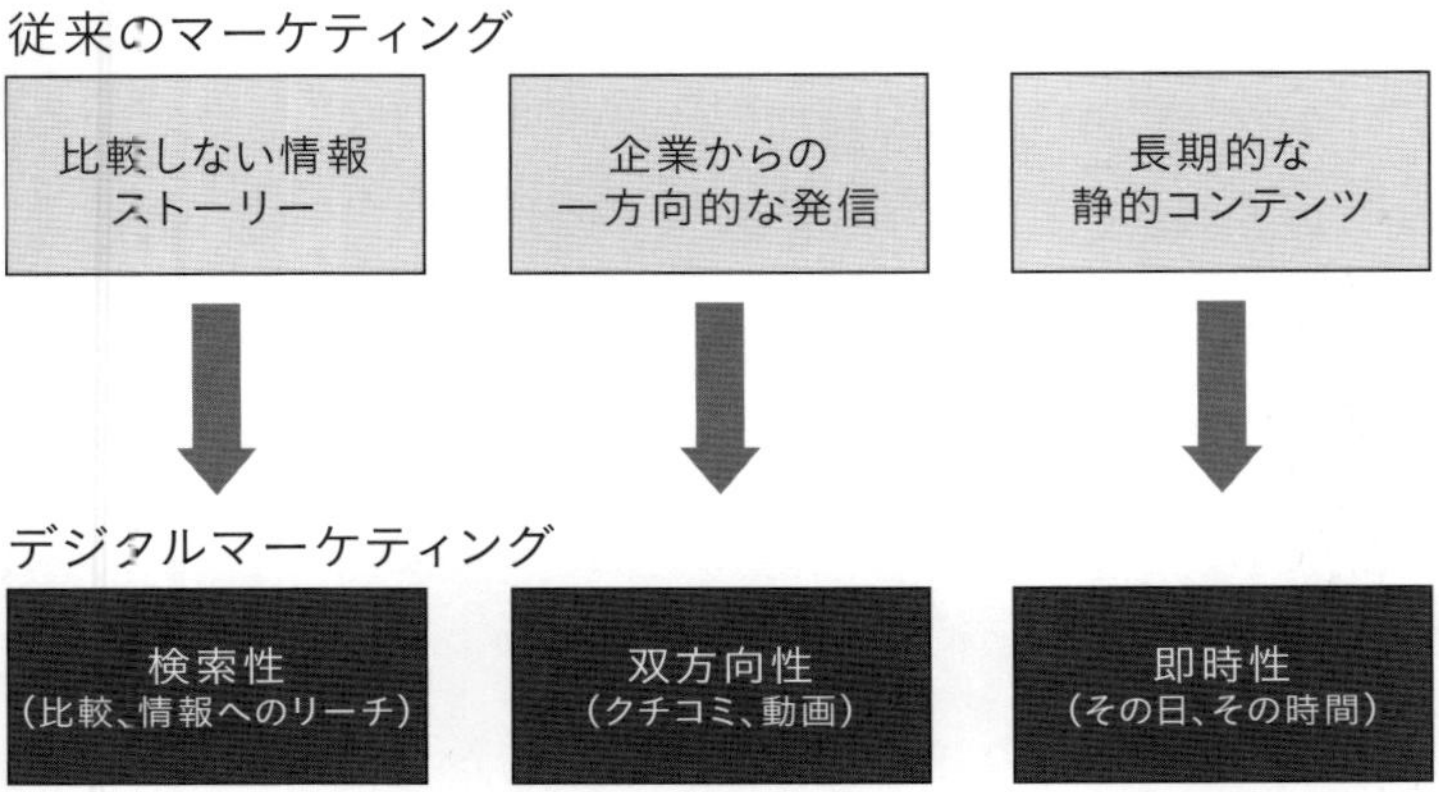

でいます。オンラインの「検索性」によって比較検討が可能になる前には、ストーリーによる訴求があり、「双方向性」が企業からの一方向的な情報発信だけでなく、消費者の多様な声を生み出しました。また、「即時性」によって、動的に変化しない長期的なコンテンツから、リアルタイムにメッセージが変化するコミュニケーションが可能になりました。

こうした違いがあるため、オフラインでやっていたことを、オンラインでそのままやろうとしてもうまくいきません。たとえば有機野菜のお試しセットを買ってくれた人に、郵送のＤＭと同じ頻度でメールを送ったら、非常に間の抜けたことになることは容易に想像できると思います。買ってくれた直後に「ありがとうございました」とメールを送り、配送の手配が完了した瞬間に「今から発送いたします」と、はじめて購入してくれた人の不安を取り除くことができるのが、デジタルならではのコミュニケーションです。

ただし、デジタルがすべての点において優位であるということが言いたいわけではありません。たとえば配送した有機野菜を料理するときの工夫やおいしい食べ方などは、紙のＤＭなどで伝えたほうが読まれやすくなるので、伝わる力が大きくなることもあります。

さらに補足するなら、デジタルマーケティングは、比較的小さなコストでコミュニケーションを実現できます。ＤＭをデザインし、内容を確認し、印刷して封入して発送の手続きをする。こうした作業にかかる様々なコストを圧縮することができるのです。**検索性・双方向性・即時性を低コストで実現できることも、デジタルマーケティングの大切なポイント**であることをおぼえておいてください。

年間売上の構成要素

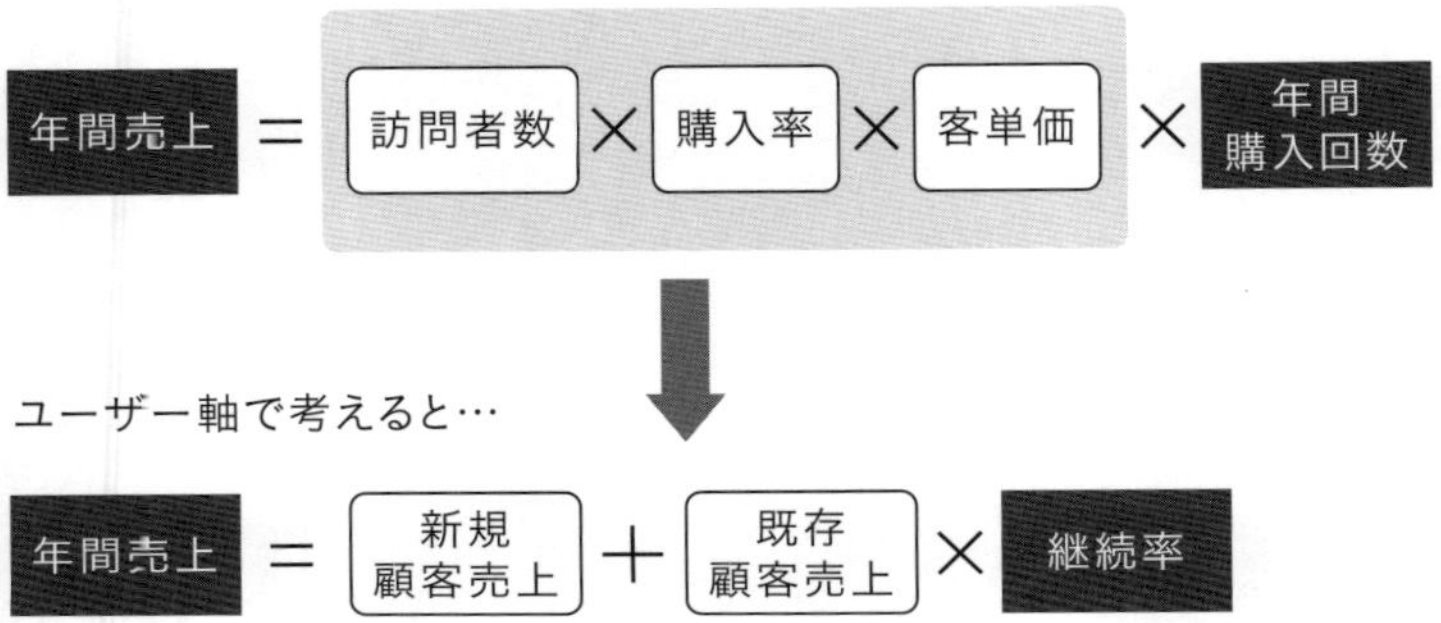

売上の土台を作る

もうひとつこの章で伝えておきたいのは、売上についての考え方です。これまでは、売上の責任を持つのは営業（セールス）部門という会社が多かったと思いますが、顧客と直接つながり、認知から購買に至るプロセスがデータで可視化される現在、マーケターの売上に対する意識も変わりつつあります。

よくＥＣの世界では、「売上」を「（サイト）訪問者数×購入率×客単価」という計算式で考えますが、これは1回買ってもらっただけの話であって、リピートの視点、長期的な視点がありません。ここに「年間購入回数」という要素を加えて時間軸で見ると、「年間売上」

になります。さらにユーザー軸で考えると、**1年間の売上というのは新規顧客と既存顧客の売上で成り立っています。**つまり単純に「サイトの訪問者数を増やしましょう」という話ではなく、長期的なコミュニケーションを考えなければいけない。新規顧客の獲得だけを考えているのは大きな見落としで、既存顧客のほうも施策を打っていかなければいけないんです。そして繰り返し利用してもらえるよう継続率を高めていく。

私がデジタルマーケティングと出会った時代には、手軽に利用できるアクセス解析ツールもありませんでした。だから、当時はすべての数字がざっくりとしていて、「毎月売上が2000万あるけど、今週はメルマガを打ったから売上が100万上がりそう」といった会話をしていました。

今は当時よりデータを細かく見ることができますが、目の前の数字を追っているだけでは優れたデジタルマーケターとは言えません。自社の売上構造、顧客構造を把握して、どんなときにどんな施策を打つべきかを判断し、ビジネスを大きく成長させられる。そんな頼れる存在こそが、これから求められるデジタルマーケターと言えるのではないでしょうか。

デジタルマーケティングの全体像

この本では、これからデジタルマーケティングの手法を使って、顧客とコミュニケーションしながら売上をどう作っていくかを説明しますが、ここでその全体像をお見せしておきたいと思います。本書を読み進める中で迷子になりそうなときは、この図を見直すとどの部分の話をしているのかつかむことができると思います。

図を上から見ていくと、上部に「広告」「検索」「SNS」といったお客様との接点が並んでいます。おそらく皆さんがよく使っているのは広告ではないでしょうか。こうした接点からサイトに人が流入してきます。そのサイトがECサイトだったら、そこで初回購入があり、そこからリピートする人も出てきます。リピートする中で、最初に100人いたユーザーが離脱して次第に減っていきます。多くのお客様にリピートしてもらうために、メルマガを配信したり、サイトのUIを改善したり、自社アプリを開発することもあるでしょう。あるいは、MAを導入したり、ポイントやマイルなどのロイヤルティプログラム

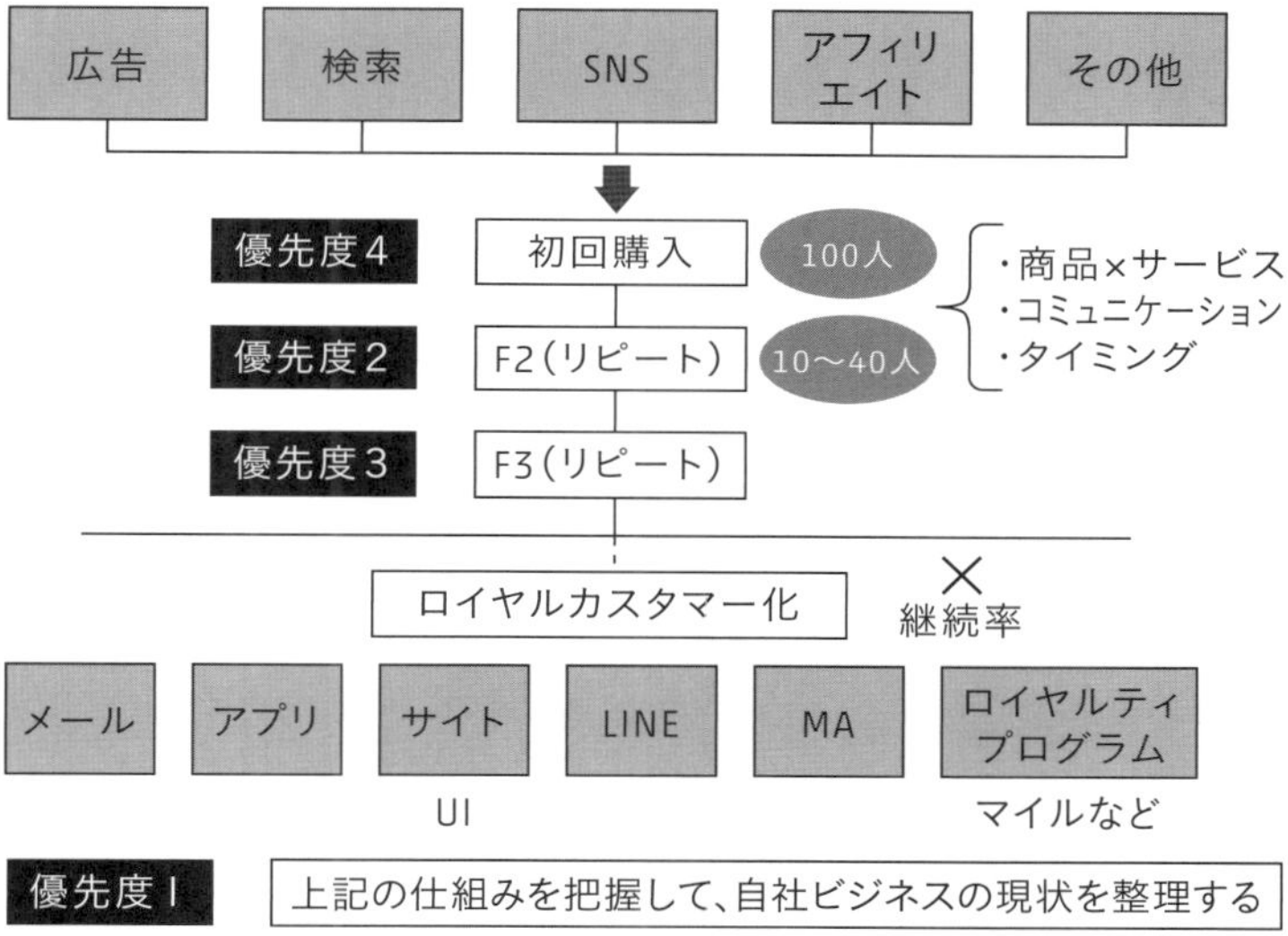

を運営して、お客様をロイヤルカスタマー化する方向も考えられます。

ここで大切なのはマーケターはどこから手を打っていけばよいかです。普通に考えると「初回購入」になりそうですが、私は少し違う考え方をしています。この図の中で優先度が最も高いのは、図のいちばん下にある「**デジタルマーケティングの仕組みを把握して、自社ビジネスの現状を整理すること**」です。デジタルマーケティングを推進するにあたって、マーケターは顧客の構造を理解し、どんな顧客から売上がどのように上がっているのかを把握することが大切です。

優先度2は、1回買ったけれど、2回目の購入に至っていない人にどうアプローチするかです。1回は買ってくれても、2回、3回と利用してもらうことは難しい。この「**F2（2回目の購入）**」のハードルが非常に高いので、ここをいかに乗り越えるかを考える必要があります。

その次は、2回目に買ってくれた人に繰り返し買ってもらう「**リピート**」の部分。いくら新しい顧客を獲得しても、離脱率が高ければ穴の空いたバケツと同じこと。顧客を積み上げていける状態を作ったところではじめて「**初回購入**」つまり、**新規顧客の獲得**のために、広告などの施策を考えるという順番になります。そして最終的には、1人でも多くのお客様をロイヤルカスタマー化していくことが大切になります。

次の章からは、この図に示した優先度の高い要素から、順に解説していきます。まずは、自社の顧客の分析と、売上の構造を考えるところから始めましょう。

第2章

売上を「新規」と「継続」に分解する

新規顧客と継続顧客

「売上を伸ばしたい」という話をよく聞きます。読者の皆さんも同じ悩みを抱えているからこそ、本書を手に取ってくださったのだと思います。この一筋縄ではいかない問題に取り組むとき、私が最初にやるのは「売上がどうなっているか」を知ることです。売上はどこから来るのか？　自社の顧客からです。つまり、自社の売上がどのような構造になっているかを理解するには顧客の状態を分解して把握するところから始める必要があります。

ＥＣの世界では、よく**「新規とリピート」**という言葉が出てきます。この**「新規」**というのは**「新規顧客」**、つまり今まで自社と接点を持っていなかったお客様と何らかの接点を持ち、初回購入などのアクションをしてもらうことです。**「リピート」**というのは繰り返し利用してもらうことで、繰り返し利用してくれる人を「リピーター」と言います。近い言葉で**「既存顧客」**や**「継続顧客」**という言い方もあります。店舗などと違って、商品を購入するときに必ず顧客情報を取得できるＥＣでは、お客様ひとりひとりの購入情報がその人にとって何度目の購入かわかるため、このような言葉が頻出します。

では、どこまでが「新規」で、どこからが「リピート」になるのでしょうか。たとえば、同じ「リピート」と言っても、1回リピートしただけの人もいれば、何年も繰り返し購入してくれる人もいます。毎月必ず買ってもらえる商品もあれば、クルマや住宅のように、数年に一度買うか買わないかのような商品もあります。このように、「新規」と「リピート」の内容は、その会社のビジネスや商材によって異なるのですが、新規とリピートをより深く理解するために、私がいつもやっている簡単な顧客の定義と分析方法を紹介したいと思います。

顧客構造と売上の関係

例として、1年の間に何度か購入する商品を扱うＥＣサイトの新規とリピートについて考えていきます。私は、アプリなどの一部の例外を除いて、お客様との関係性を一定の期間で区切って考えます。ここでは、「新規顧客」はこの1年以内にはじめて自社サイトの

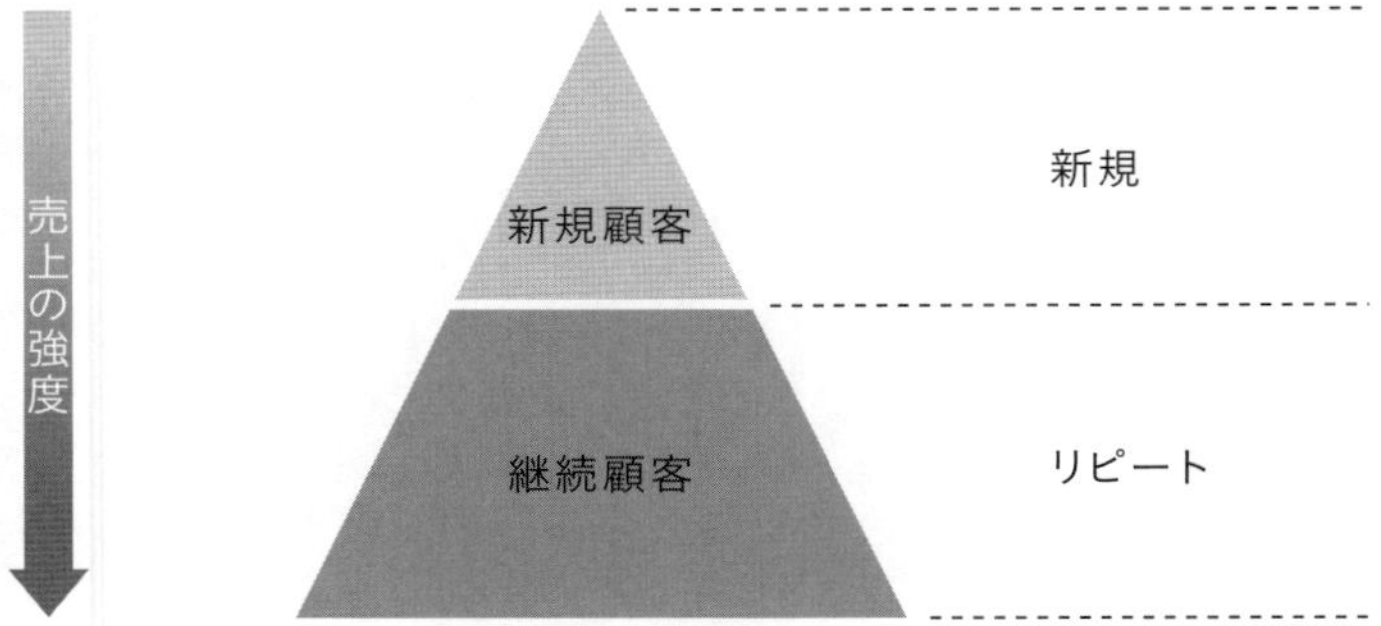

ショップで購入してくれたお客様、一方、翌年も継続して購入しているお客様は「継続顧客」と定義します。「新規顧客・継続顧客」と分類して、自社サイトのお客様がどのような状態になっているかを把握します。そして、分類した顧客ごとに売上を分解していくと、やらなければいけないことが把握できます。

大切なのは、1年目の新規顧客が、2年目も継続している割合が**50％以上**あるかということ。**この「継続率」をちゃんと見ていくのが大切です。**たとえば、新規顧客が10人いて、その10人が1万円の商品を2回買ったとすると、その売上は20万円になります。2年目以降にその10人のうち5人が継続して、1万円の商品を5回買った場合を考えてみましょう。人数は半分になっていますが、売上は継続顧客5人の25万円のほうが多くなっています。詳しくは後

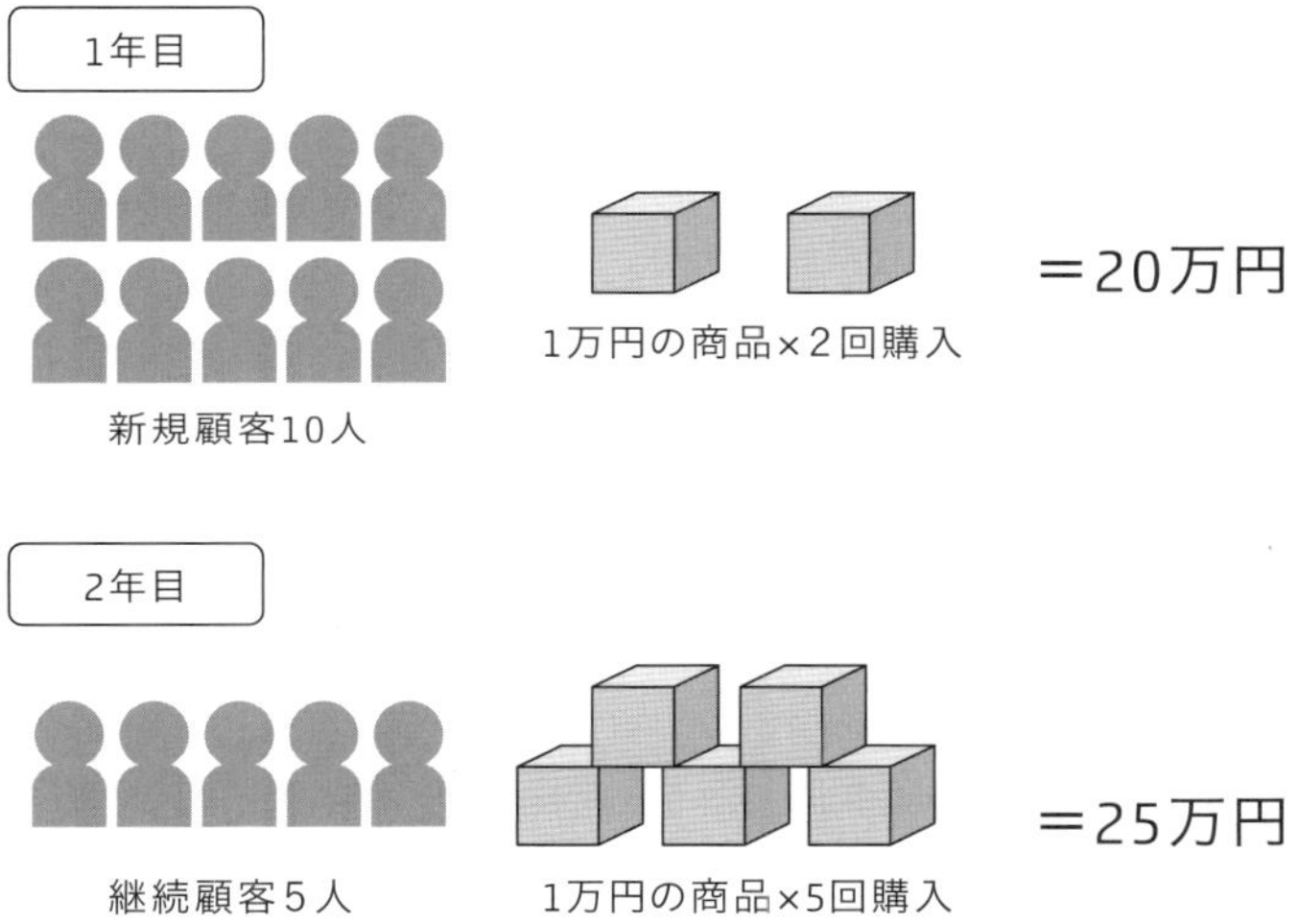

述しますが、大体2年目以降の購入回数というのは前年の2倍以上になります。**継続率50％以上を維持していれば、お客様がずっと残れば残るほど、売上というのは絶対に伸びていくのです。**

ですから、全体の売上を見て「上がった」「下がった」と一喜一憂するのではなく、まずは新規のお客様からどのくらい売上があるのか、（2年目以降も継続して利用している）継続顧客からどのくらい売上があるのかというように、売上を分解して見ていきます。見るべき数字はたくさんあるのですが、最初に分解して見るべきなのはそこなのです。

「継続率」が上がると売上も伸びる

左の顧客分析表は、顧客を「新規」と「継続」に分けて売上を分析するときに使うものです。シンプルにするために、1年目は1月1日から12月31日までに購入してくれたお客様を「新規」としています。そして、翌年も継続して買ってくれたお客様を「継続」としています。

この例では1年目は事業立ち上げの年で、1万人のお客様が年間で平均1・3回、1回あたり5000円買ってくれました。この年の継続顧客は0人なので継続の売上も0円です。新規＋継続の売上合計は6500万円になります。

そして2年目に入ると、継続して利用してくれた継続顧客が4000人いました。つまり継続率は40％です。その4000人のお客様が、2年目に1回あたり6000円買ってくれて、1年間で平均3回購入しています。

分類	項目	1年目	2年目	3年目	4年目	5年目	6年目
新規	ユーザー数	10,000	10,000	10,000	10,000	10,000	10,000
	購入単価	¥5,000	¥5,000	¥5,000	¥5,000	¥5,000	¥5,000
	購入回数	1.3	1.3	1.3	1.3	1.3	1.3
	年間購入金額	¥6,500	¥6,500	¥6,500	¥6,500	¥6,500	¥6,500
	売上合計	¥65,000,000	¥65,000,000	¥65,000,000	¥65,000,000	¥65,000,000	¥65,000,000
継続	ユーザー数	0	4,000	5,600	6,240	6,496	6,598
	購入単価	¥6,000	¥6,000	¥6,000	¥6,000	¥6,000	¥6,000
	購入回数	3.0	3.0	3.0	3.0	3.0	3.0
	年間購入金額	¥18,000	¥18,000	¥18,000	¥18,000	¥18,000	¥18,000
	売上合計	¥0	¥72,000,000	¥100,800,000	¥112,320,000	¥116,928,000	¥118,764,000
合計	ユーザー数	10,000	14,000	15,600	16,240	16,496	16,598
	売上合計	¥65,000,000	¥137,000,000	¥165,800,000	¥177,320,000	¥181,928,000	¥183,764,000
	継続率	0%	40%	40%	40%	40%	40%

顧客分析表

1年目

	1月	2月	3月	4月	5月	6月	7月	8月	9月	10月	11月	12月	1年目の購入回数
新規顧客A（初回購入1月）	購入				購入				購入				3回
新規顧客B（初回購入12月）												購入	1回

購入頻度

（※注意　平均の購入回数が1・3回から3回に増えていますが、これは2年目になって購入頻度が2倍以上に増えたというわけではありません。購入頻度の表を見るとわかりますが、お客様が4か月に1回購入すると仮定したとき、同じ新規でも、その年の1月にはじめて購入した人は3回買うチャンスがありますが、12月に購入した人は1回しか買えません。このため、同じ頻度で購入している場合、平均購入回数は、新規と継続で2倍程度の違いが出ます。）

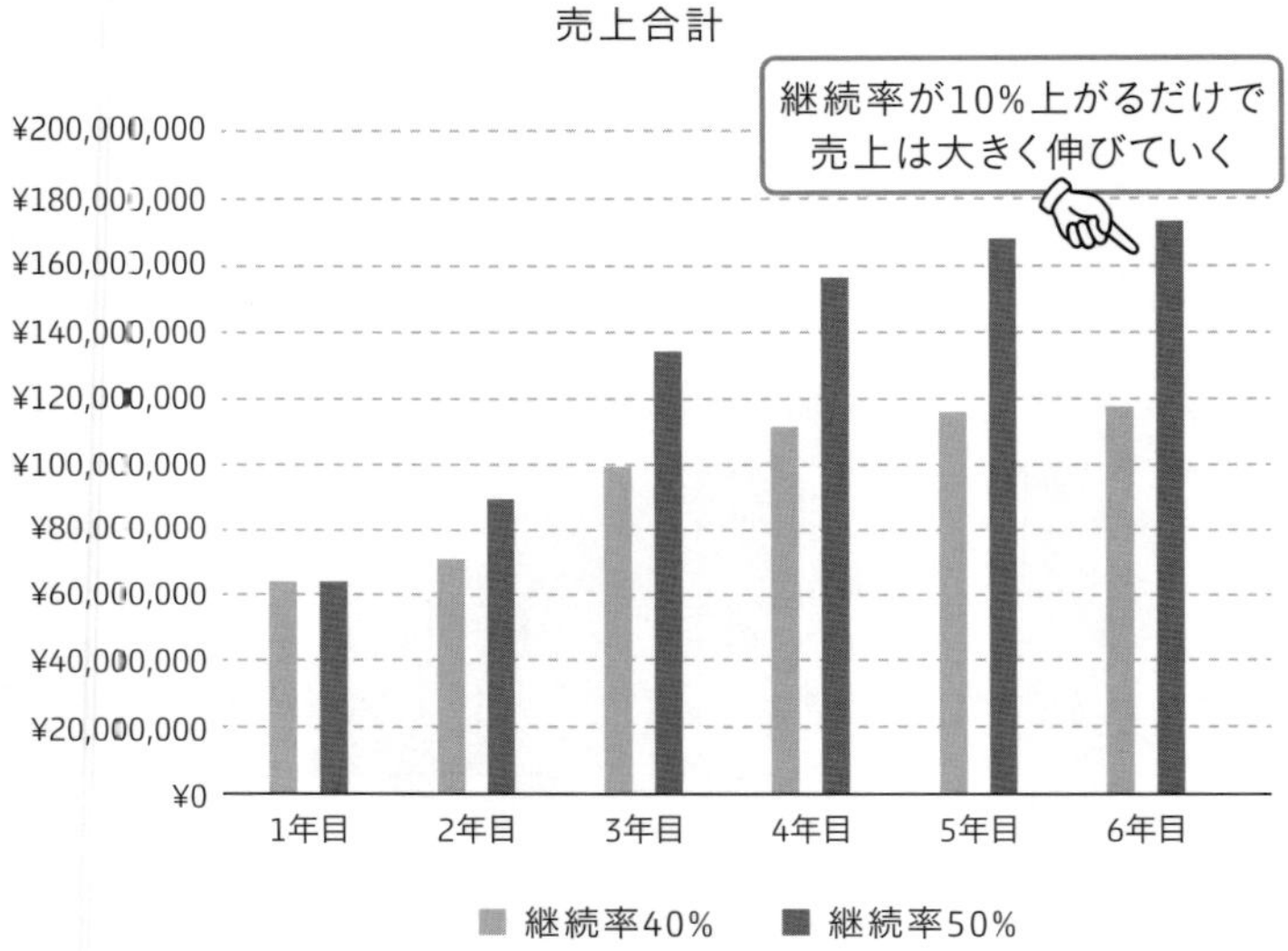

売上推移（継続率比較）

この例では、初年度から売上が積み上がってすごく好調に見えますが、この後の成長はゆるやかになり、実はあまり売上が伸びていません。ですが、40%の継続率を、50%や60%に改善していくと、売上がずっと伸び続けます。上のグラフは、継続率40%と50%の売上推移を比較したものです。**継続率が10%上がるだけで、売上に大きな差が付いていきます。**継続率を上げることがいかに大切か、よくわかるグラフだと思います。

もうひとつサンプルデータを見てみましょう。今度は「購入回数」に注目

	項目	1年目	2年目
新規	ユーザー数	10,000	10,000
	購入単価	¥5,000	¥5,000
	購入回数	1.3	1.3
	年間購入金額	¥6,500	¥6,500
	売上合計	¥65,000,000	¥65,000,000
継続	ユーザー数	0	4,000
	購入単価	0	¥6,000
	購入回数	0	2.2
	年間購入金額	0	¥13,200
	売上合計	¥0	¥52,800,000
合計	ユーザー数	10,000	14,000
	売上合計	¥65,000,000	¥117,800,000
	継続率	—	40%

顧客分析

します。新規の1・3回と比較して、継続は2・2回。初年度の2倍以上になっていません。つまり、2年目も継続して購入しているものの、前年よりは購入頻度が落ちている状態です。継続顧客になっているけれど、何らかの問題があると考えられます。この場合は、初年度以上に購入してもらうための対策を立てる必要があります。

このように事業を何年も続けていくと、顧客の層が深くなっていきます。これが地層のように積み重なって、厚みが増せば増すほど売上の構造は強固なものになっていきます。顧客ごとに、購入金額や購入回数の平均値をチェックし、これらの数値が減っている場合には何らかの問題があるということになります。まずは、その原因を突き止めて手を打つ必要があります。

新規に依存したビジネスは厳しい

顧客を新規と継続に分けて分析することで、売上がどのように積み重なっていくのかが理解できたと思います。ここで大切なのは**「新規」と「継続」では、売上の性質が少し違うという点です。**

左の表は、新規が継続になっていく様子がわかりやすいよう、年度ごとに分解していきます。1年目に新規だったお客様が2年目に継続にシフトし、それが毎年繰り返されていきます。新規顧客が階段のように毎年ズレていくため**「階段図」**と呼んでいます。注目したいのは、1年目に新規が100人いたのが、2年目には30人、3年目には20人に減っている点です。年を追うごとにお客様は離脱して少なくなっていきます。一方で、年を追うご

	1年目	2年目	3年目
ユーザー数	**100人**	30人	20人
購入金額	1万円	1万円	1万円
購入回数	2.0回	3.0回	4.0回
ユーザー数		**100人**	30人
購入金額		1万円	1万円
購入回数		2.0回	3.0回
ユーザー数			**100人**
購入金額			1万円
購入回数			2.0回
合計	200万円	290万円	370万円

↓

	1年目	2年目	3年目
	新規	継続	継続
	×	**新規**	継続
	×	×	**新規**

階段図

とに購入回数が増えて、年間購入金額は増えていきます。ある程度は毎年離脱していくものですが、売上が伸びていないサイトというのは、たいてい初年度の継続率が50%以下だったりします。では50%が合格点かというとそうでもなくて、良い企業では60%くらいあったりします。

要は、**毎年、新規のお客様を取りまくらないと成り立たない状態というのは、ビジネスとしてかなり厳しいということです。**ですから1年目のお客様が、2年目、3年目と、毎年リピートしてくれる構造をきっちり作ることが大切です。

新規と継続の売上

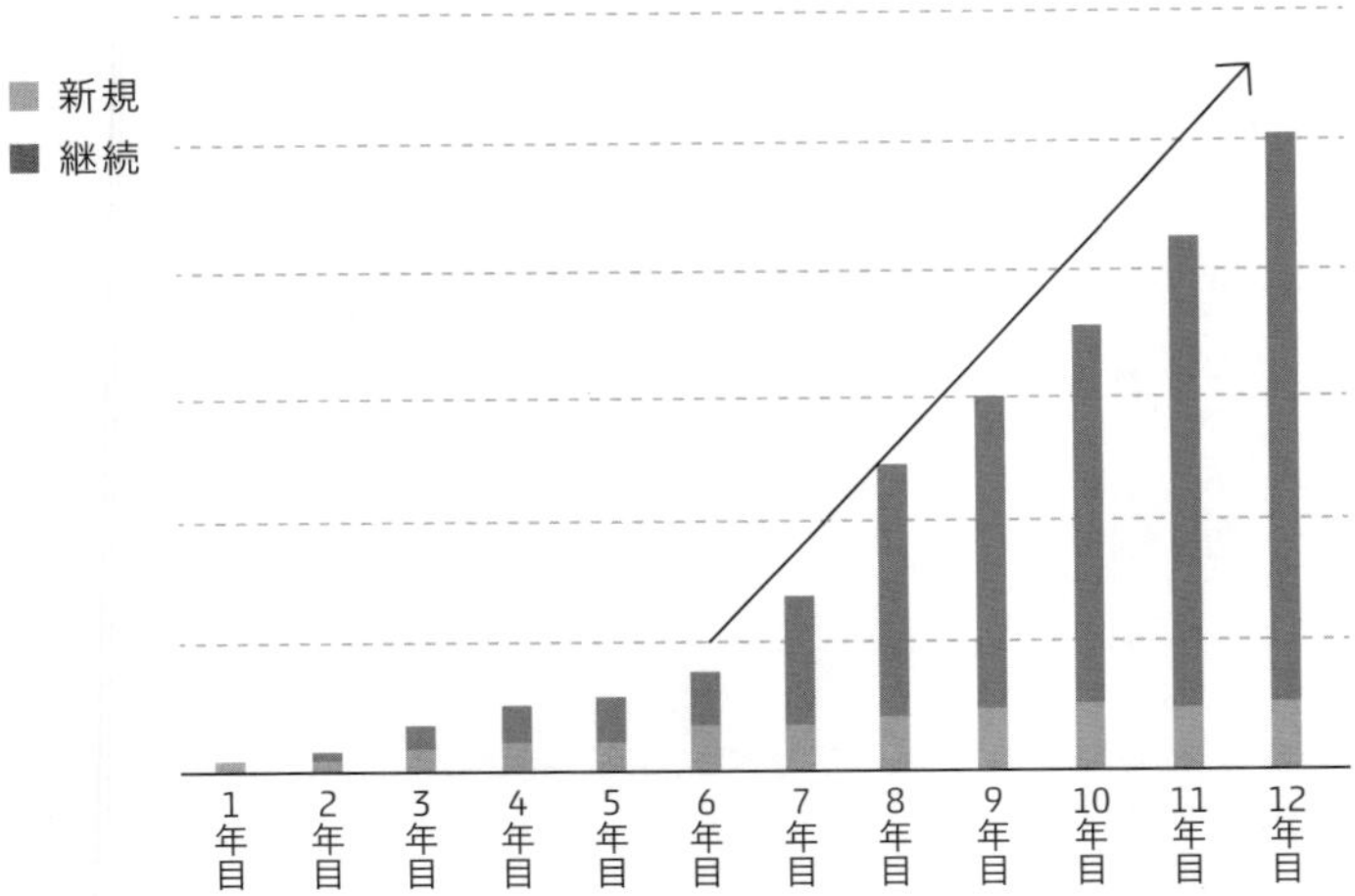

私が関わったある会社では、継続率を上げることで大きな売上アップを実現しました。この右肩上がりのグラフはその売上の推移を表したものです。よく見てほしいのは、新規と継続で色分けしているところ。大きく伸びているのは新規ではなく、継続顧客のほうです。色分けせずに全体の売上の伸びだけを見せると、「新規をたくさん取ったから売上が伸びたんだね。よっぽどうまく広告を打ったんでしょう」と言われることがあるのですが、それは違います。

全体の売上を100とすると広告から獲得した新規顧客の売上は20。残りの80は毎年積み上げた継続顧客の売上で作っていったもの

	1年目	2年目	3年目	4年目	5年目
顧客数	10,000人	3,000人	1,500人	900人	650人
継続率	0%	30%	50%	60%	72%

継続率は長く使っている人ほど高くなる

です。**継続顧客を増やして、継続率を上げて、1人あたりの顧客の売上が増えていくように手を打った結果であって、広告費を増やして作った売上ではない**、というのがこのグラフなのです。

新規をガンガン取るのは、広告予算が潤沢にあれば不可能ではありません。しかし、そのお客様が翌年継続しなければ、毎年、新規獲得をがんばらないと売上を作れないのです。

なぜ継続率が大事なのか

もうひとつ、「新規」と「継続」の売上の違いについて触れておきたいことがあります。たとえば1年目に新規で1万人が入ってきたとします。この人たちは翌年になると3000人になり、さらに翌年には1500人と年を経るごとにどんどん目減りしていって5年後には650人くらいになる。数字だけを見ると、かなり心細くなってきます。

この場合、1年目のお客様のうち30％しか2年目に継続していません。でも、この残ったお客様が翌年に継続している割合は50％なんですよね。さらに翌年に継続しているのは60％、それがさらに72％になる。つまり**長く使ってくれているお客様ほど継続率は上がっていくのです。**1年目から2年目の継続率はやたらと大きく落ちるのですが、2年目は30％、3年目は50％、4年目は60％というように推移していく。このように毎年、新規が入ってきてどう推移していくかを観察すると、大体同じようなかたちになります。

つまり、継続年数が長くなればなるほど、お客様の離脱率はゆるやかになっていく。ある程度その割合は決まっているとさえ言えます。売上の土台を盤石なものにするためには、継続顧客が大切だというのがこのことからもわかると思います。

お客様との間に長期的な関係を構築することで、企業は長期的に成長できます。そのためには、サービスや商品の開発など、企業全体でマーケティング活動に取り組む必要があると言えます。

顧客の状態で翌年の売上も予測できる

ここで強調しておきたいのは、デジタルマーケティングにおいて、「訪問者数」や「購入率」という指標はあくまでサブ指標であって、最も重要なのは、**1年目、2年目というステージごとに「お客様がどのような状態になっているか」ということです。**

ＥＣでよく言われる「訪問者数×購入率×客単価」という計算式で売上を見ていても、翌年の売上はわかりません。しかし、先ほど説明した階段図を使って、前年と今年の売上の構造を見れば、大体翌年の売上は予測できてしまうのです。去年の新規顧客の継続率が30%だった。今年もその水準だと売上が厳しいぞというのがわかったら、逆算してやるべき施策が見えてきます。ここで手を打っておかないと、目標どおりにいかないとなれば、新規顧客を獲得するための広告費を大幅にアップして、トップラインを上げていこうという判断ができるでしょう。このことは、クルマなど次の購入が5年後の商材でも同じです。5年前のお客様が5年後にリピートしているかを前もって見ておいて、「今、35%の継続率を37％にする」という施策をやれば、ある程度売上の目安がつきます。

こうした分析は、オフライン中心でやっていた従来の通販企業の人たちは緻密にやっています。細かく見る会社では、年単位ではなく、毎月の数字を見ている。1年の中でも月によって新規として入ってくるユーザーの数は違いますから、その月ごとの継続率を全部掛け合わせていくと来月の売上が見えてくる。そして、何か月ごとにお客様が離脱しているかも、クロス集計をかけてずっと追っていくのです。数字を見ながら対策を打ちやすいのが、お客様に直接アプローチしていくダイレクトマーケティングのすごく面白いところだと思います。私がお手伝いしている通販会社のほとんどは売上を数値化できているので、データをクロス集計していくと大体のところが見えてくる。その見えたところから何を考えて、どうアクションを起こすかが大事なのです。

この章で私が説明している分析方法はＥＣだけでなく、アプリやＢｔｏＢのマーケティングにも当てはまると思った方は多いのではないでしょうか。まずは顧客の状態を把握して、自社の取るべき戦略は何か、実施すべき施策は何かを議論する必要があります。

第3章

「F2」の壁を超えるには

おすすめのラーメン屋さんの話

ひとつ実験をしましょう。私が「職場の近くにある、おすすめのラーメン屋を教えてください」と皆さんに聞いたとします。目を閉じて1分間くらい考えてみてください。

皆さんの頭の中に浮かんだお店について考えてみると、おそらく、「1回しか行ったことない店」ではないと思うんですよ。たぶん2回以上は行っている。そして、2回行ってるラーメン屋にはたぶん3回行ってるはずです。さらに3回行ってるラーメン屋は、大体自分の頭の中に多くて3つくらいしか思い浮かばない。10個も20個も出てくる人はまずいない。つまり、**自分が何か買いたいと思ったときの選択肢というのは大体3つくらいしかないんです。**

こういう数字はどんな業界でも大体一緒だと思います。頭の中にぱっと浮かんできたその3つが、いかに2回目、3回目とリピートされていくかというのがすごく大事なところ

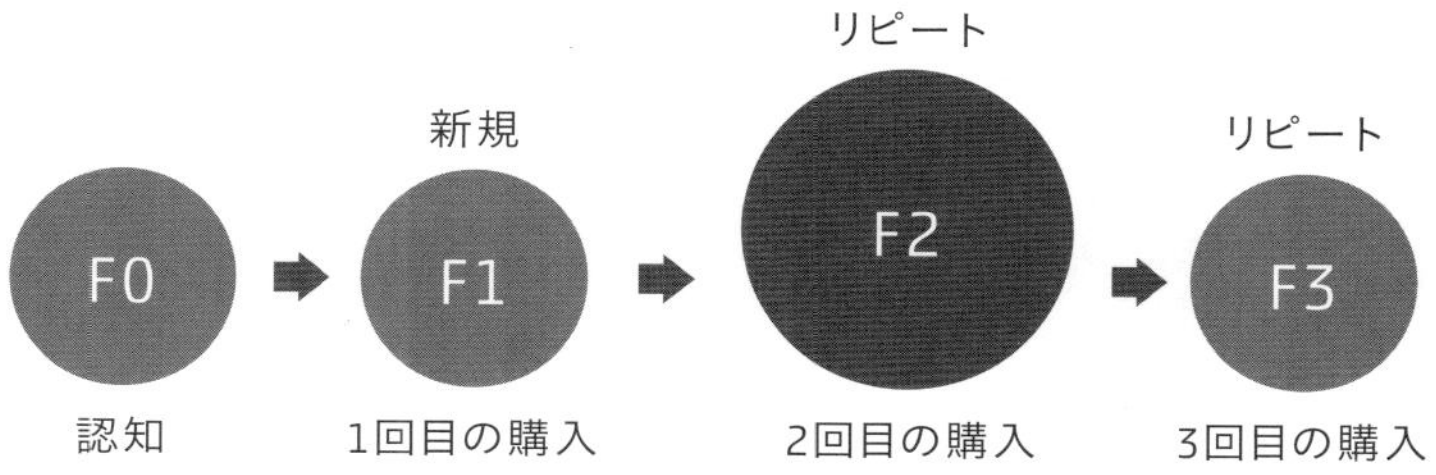

で、もしラーメン屋さんが顧客データを取ってCRMをちゃんとやったとしたら、リピートする人の割合が35%くらいあるお店は流行っていて、10%しかないところは潰れているんじゃないかなと思います。

「F2転換」とは

前章では、1年目のお客様を「新規」、2年目以降も継続してくれたお客様を「継続」というように期間で区切って見てきましたが、この章では新規とリピートのプロセスをより細かく見ていきます。

1回、2回、3回……と繰り返し買っていただく中で、**私が最も重視しているのは2回目です。**業界用語で**「F2転換」**という言い方をします。Fは「Frequency」の略です。Frequencyは頻

ビジネス①	顧客数	転換率
1回目	100人	-
2回目	30人	30%
3回目	18人	60%

ビジネス②	顧客数	転換率
1回目	100人	-
2回目	5人	5%
3回目	3人	60%

ビジネス③	顧客数	転換率
1回目	100人	-
2回目	20人	20%
3回目	12人	60%

3つのビジネスの転換率を比較する

度という意味なので、「F2転換」はお客様が2回目の購入をしてくれた、つまりリピートしてくれたことを意味します。

ECサイト、アプリ、各種サービスなど様々なビジネスで、この**F2転換率（2回目の購入率）**をいかに上げていくかが非常に重要であり、F1、F2、F3と推移する中で、転換率にある傾向が見えてきます。上の表はそれぞれ異なる3つのビジネスのデータをまとめたものです。1回買った人が2回目の購入に至るF2転換率を比較すると5~30%とかなりの差がありますが、2回買った人が3回目の購入をするF３転換率はいずれも60〜70％となっています。結果的に、これらの例ではすべて１００人の新規ユーザーを獲得したにもかかわらず、ビジネス①では18人のお客様が残っていて、②では3人、③では12人となっています。

この「2回目も買いたい」という体験がすごく重要で、2回買ってくれると3回目まで買ってくれるお客様の割合は60〜80％くらいになったりします。つまり、長期的に1年以上使い続けていただくためには、まずは2回購入してもらうこと。そのための施策を**「F２転換施策」**と言います。

その「F２」は本当にリピートなのか

ここまでは従来の通販の世界などでよく言われる「F２転換」の説明です。ただ、私自身はF２に関して少し違う見方をしています。どういうことかというと、**いわゆるF２は、実は新規に近いのです。**広告で新規顧客を獲得し、クーポンで2回目を買ってもらうといったところまでを私自身は「新規」と呼んでいます。

区分		新規顧客				継続顧客
期間		1年未満				1年以上
購入／アクション回数		0	1	2	・・・	・・・
施策の目的		アクイジション（新規顧客獲得）		リテンション（顧客維持／CRM）		
戦略		認知	会員登録施策、お試し購入など	F2転換施策	ロイヤル化施策	
マーケティング	広告など	◎	◎	△	△	△
	CRM	×	△	◎	○	○
	ロイヤルティプログラム	×	×	×	△	○
具体的手法		ディスプレイ広告、リスティング広告、SNS広告、アフィリエイト、コンテンツマーケティングなど	A/Bテスト、サイトUI	商品、ステップメール、DMなど	ポイント、マイル、MA、サイトUI改善など	
社内体制		⟷				⟷

施策区分表

上の表は、顧客の状態や購入回数と、対応するマーケティング施策をまとめたものです。施策は大きく「**アクイジション（新規顧客獲得）**」と「**リテンション（顧客維持）**」に分かれます。さらに、私はリテンション施策を「F２転換施策」と「ロイヤル化施策」に分けて考えています。ここでは、なぜF２転換施策とロイヤル化施策を分けているのか、そしてF２転換施策がなぜ重要なのかを説明します。

たとえば、化粧品では「お試しセット」というのがあります。小さい容器に入ったおすすめの化粧品セットを特別価格で販売しているのをよく見かけますよね。通常は、このお試しセットを買ってくれた人を「新規」に分類しますが、**私にとって、このお試しセットを買ったばかりの人は新規ではありません。**そこから本商品の購入をしてくれたお客様を新規に入れています。実際、どの企業もお試しセットというものは、利益がほとんど出ないような価格設定になっています。たくさん売ってもマイナスにしかならない。**つまり広告の一部なのです。**

ですから認知し、お試しセットを購入し、さらに**本商品を買ってもらい、使い始めてもらう**ところまでが新規であって、いわゆるF2こそ実は新規に近いのです。したがって、F2となった後、F3、F4と繰り返し使ってもらうところがリピートであり、リテンションになります。

この話は言い換えると、CPA（コスト・パー・アクイジション：新規顧客を1件獲得するのにかかるコスト）で見るか、CPO（コスト・パー・オーダー：商品の注文を1件獲得するのにかかるコスト）で見るかの違いになります。広告担当者はCPAを見ますが、売上という観点で重視すべきなのはCPOです。広告で新規を獲得するときは指標としてCPAを見るしか

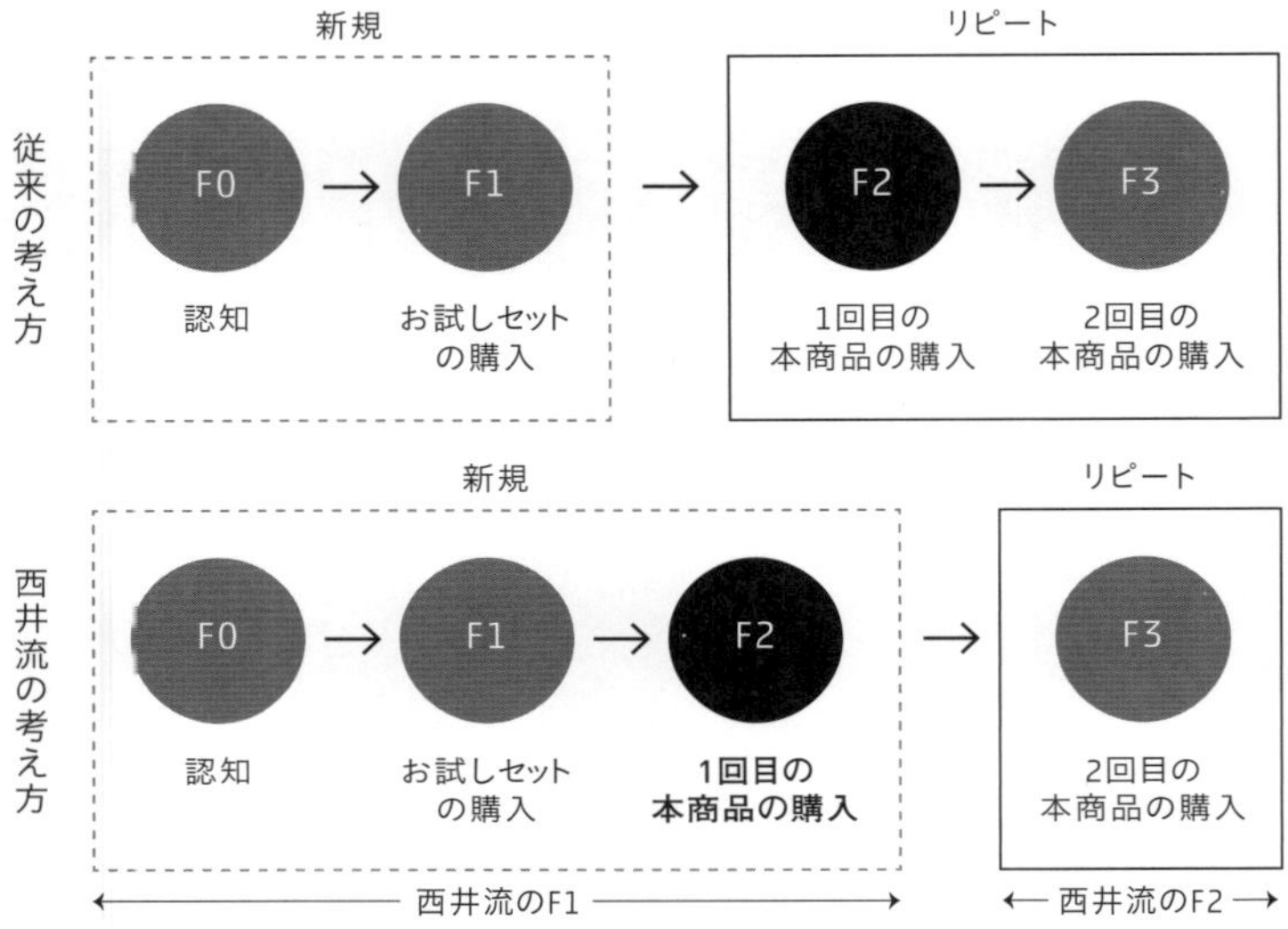

ないけれど、F2以降はCPOを見なければいけない。そして、これが広告費の回収にどう作用していくかを見ていくことになります。その意味でも、F2は新規に近いんですよね。

会社によっては、F0からF1までが広告で新規を取るチーム、F2以降はリピート担当のチームというかたちで部署を分けているところもありますが、そういう体制だと絶対にうまくいかないと思います。なぜなら、**本来ひとつであるべき「新規獲得」のプロセスが分断してしまい、「新規を安く取ってくれればいい」という考え方になってしまうからです。**

それだと、広告のＫＰＩとしては合っているけれど、事業のＫＰＩとしては合っていないですよね。事業のＫＰＩはあくまでも購入者数（会員数）を増やして売上を上げることなので。

実際、オイシックスでは広告の運用担当者から毎週レポートが上がってきますが、ＣＰＡの話はあまり出てきません。本当の新規獲得であるＦ２をいかに効率よく取るかが大事であるにもかかわらず、Ｆ０もしくはＦ１で見ている会社はまだまだ多い。通常のＦ２は新規に近いという考え方を踏まえると、私ならＦ２までを新規獲得のチームに含めるようにしますね。

Ｆ２の高い壁

なぜ私がＦ２転換にここまでこだわるかというと、**Ｆ２の壁がそれだけ高いからです。**

たとえば化粧品の無料サンプルを差し上げますというキャンペーンをやると、たくさんの人が反応するけれどあまり転換しません。Ｆ２転換をする前に、ほとんどのお客様が離脱してしまう。そうなるとF3でがんばろうと言ってもがんばりようがありません。

左の表は単品通販の例と考えてください。化粧品の無料サンプルが0円、お試しセットが1000円、本商品が5000〜1万円だとします。0円の無料サンプルからF2転換する率は20%ですが、1000円のお試しセットからF2転換する率は35%と高くなっています。でも、その後のF3転換率は60〜70%と同じくらい。さらにそれ以降のF4、F5になってくると、ほぼ同じ数字になってきます。

結局このF2転換率のところが最もインパクトが大きいんです。会社によってはF2転換率が5%のところもあるかもしれない。でも、この5%を10%と2倍にできれば、その後の数字も同じように上げることができます。

左のグラフを見るとわかりやすいと思います。F1、F2、F3、F4とあったとして、F2でいきなり下がったら、F3の転換率をいくらがんばって上げたところで、母数が小さいので挽回することは難しい。でもF2転換率を2倍にできたら、その後の数字も

F0〜F1	F2		F3
無料サンプル 0円	本商品 5,000円 〜 10,000円	20%	60〜70%
お試しセット 1,000円		35%	60〜70%

化粧品の単品通販の例

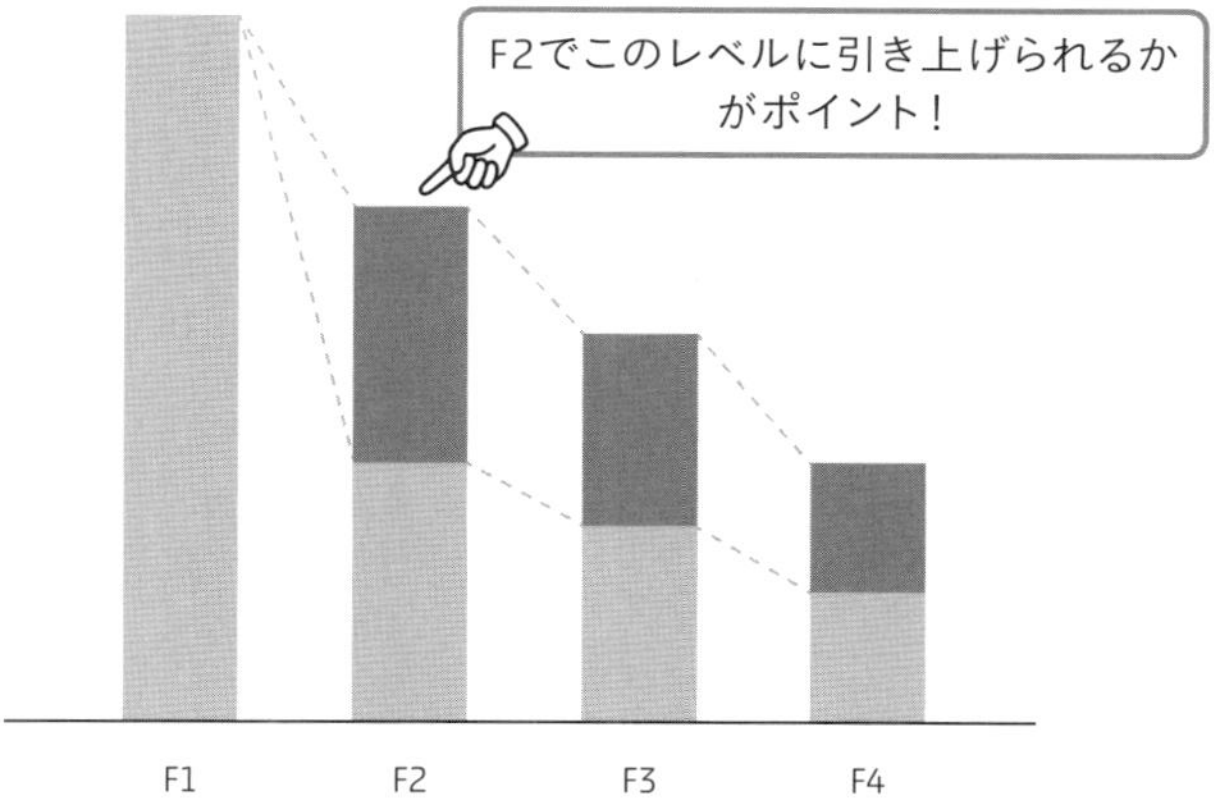

F２で伸びれば、その後の転換率を引き上げられる

自然と上がります。だから、**Ｆ２をがんばったほうが効率がいい。**私が「Ｆ２をがんばろう」と言うのはこういうことなんです。

どこに注力すれば成果を最大化できるのか、そのポイントを見極めて手を打てるようになるのも、デジタルマーケターの重要なスキルだと思います。

大切なのは「タイミング・商品・コミュニケーション」

では、Ｆ２転換率を上げるためにはどうしたらいいか。私はＦ２転換では大切なものが３つあると思っています。それは**「タイミング」「商品」「コミュニケーション」**です。

中でも、最も大事なのが**「タイミング」**です。みんなコミュニケーション手法を変えればリピートすると思っているけれど、そういうわけではないんです。いくらおいしそうなごはんを作ることができても、おなかがすいているときに出さなければ食べてもらえないからです。

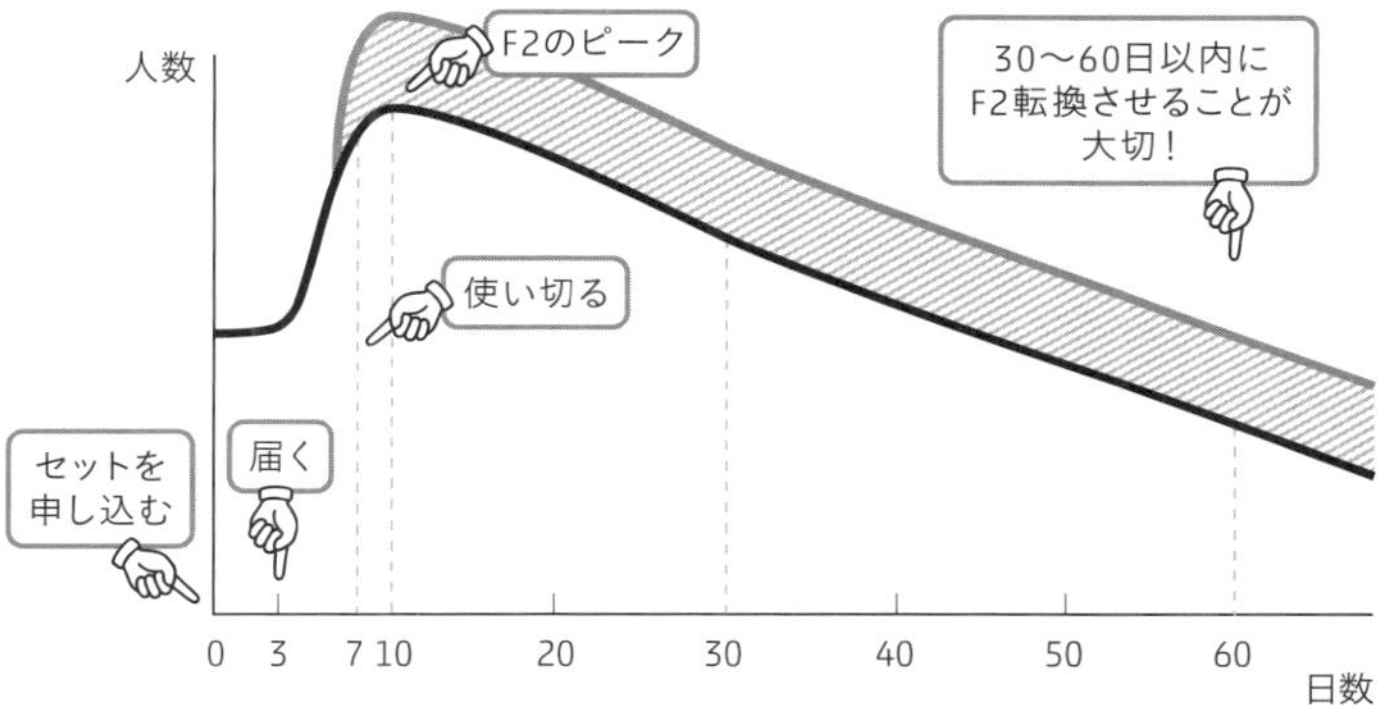

タイミングで反応が変わる

たとえば、サプリメントのECで、100人のお客様がお試しセットを1回買って、その後、本商品を申し込んだとします。上のグラフはその人数の推移です。お試しセットを申し込んだ当日（0日目）にも何人か本商品を買っています。お試しセットを申し込んでから届くまで3日かかり、セットの内容は1週間分です。そうすると、大体申し込んでから10日後のあたりにF2のピークがきます。

このグラフには、重要なポイントが2つあります。ひとつは「**期間**」、もうひとつは「**タイミング**」です。商材にもよりますが、30〜60日以内に再度購入しない場合は、その後のリテンション率は大幅に下がります。つまり自社の商品やサービスでは**どの期間までだったらF2転換しやすいか**を理解することが大切です。特にF1としてはじめて購入した状態に近いうちに、なるべく早く施策を実施する必要があります。

では、その期間内のどこかで、「今ご契約いただけるなら、本商品を○○円でご提供します」といったフォローのメールを送るとします。このメールを送るのは、いつ頃がいいと思いますか？

答えは「お試しセットがなくなる前」、つまりお試しセットを申し込んでから8～9日目です。商品がなくなる前というのも大事ですが、**何もしなくてもお客様が2回目を買おうと思っているそのピークのところで、いかにタイミングを逃さずにグラフのラインを上に持っていけるかがポイントです**。上のグレーのラインのようにリフトできると、その後ずっと転換率を上げることができます。

オフライン通販の場合、商品を発送してからリアルタイムにメールできないので、大体キャンペーン期間中にサンプルを請求した人に、まとめて1か月後くらいにDMを送ります。オフラインと同じことをデジタルでやると、ユーザーにはじめてメールを送るのが30日後になったりする。本当にびっくりするくらいメールが来ないことがあるんです。

同じ内容でもどのタイミングでメールを送るかは、ユーザーによっても、会社や商材によっても違うので、このタイミングがいつなのかを知ることが大切です。まずは自社の商品とF2の分析をやってみて、顧客の状態を把握することをおすすめします。

F2に効く商品は？

タイミングと同じくらい重要なのが、**「商品」**です。ある化粧品メーカーの場合を考えてみましょう。このメーカーには化粧水などのスキンケア製品と、アイシャドウなどのポイントメイクの商品があります。アイシャドウは季節によってちょっと変えたい、あるいは結構長持ちするから3か月に1回しか買わないという人もいるでしょう。でも化粧水は毎日使っていると1か月でなくなりますよね。大事なのは、このどちらをF1、つまり**入**

口の商品とするかです。

先ほども触れましたが、F2は2か月を超えると転換しづらくなりますから、一般的には化粧水などのスキンケア商品のほうがF1に向いている商材と言えます。これが「**何が1回目に売れたら、次につながりやすいんだろう**」という入口商品の具体例です。

F2では施策も大事ですが、入口になる商品がとても大事です。ファッションブランドのユニクロには、ヒートテックインナーという保温効果が高いアンダーウェアがあります。この商品は広告でたくさん露出しているので、ご存知の方もいると思います。インナーだけではなく、セーターやパンツ、カバンまで多くの品ぞろえがあるにもかかわらず、広告でこの商品を打ち出している理由のひとつには、おそらくヒートテックインナーのF2転換率が他の商品に比べて高いということがあるのではと思います。多くのアパレルブランドがファッション性を売りにしているのに対して、ヒートテックインナーは「こんなに安いのに、他の下着より薄くて暖かい」という機能性を売りにしているので、「ユニクロのファッション＝機能的」という体験をお客様が感じやすいからです。

どんな会社でも商品の効果・効能はそれなりに自信を持って売っていると思いますが、大切なのは、**いかにその効果をお客様に体感してもらうかということ。**たとえばオイシックスでは、お試しセットに必ず「キットオイシックス」というミールキットを入れています。1回の食事で使い切れる分量の野菜や肉などが最初からカットされた状態になってい て、プロの料理人の方に監修してもらった調味料なども入っているので、買い物や料理の時間が取れない主婦やママに人気の商品です。おいしい野菜だけでなく、料理を作る人にとってうれしい「時短」にもつながる体験ができる。オイシックスの良さを体感してもらえる商品のひとつです。

どんな会社にも、派手じゃないけれど実は効く商品がある。そういう商品を体験すると、お客様は「あ、違うな」って実感するんですよね。ここから読み取れるのは、**1回目の購入のときにいかにスペシャルな体験を作り出すかが大事だということです。**商品によってそのポテンシャルは異なりますが、「何が1回目に売れたら、次につながりやすいんだろう」ということは、それほど難しい分析をしなくてもわかります。広告ではそういう商品を中心に露出します。たとえばあるファッションブランドではTシャツを最初に買ったお客様を分析してみると、F2転換率があまり高くなかった。けれど、ジーンズをはじめて購入したお客様は2回目に行きやすいことがわかった。こういうことはファッションから化粧品、健康食品、家具、電子書籍などのデジタル商材まで、様々なジャンルで成り立ちます。

だから、**本当にF2転換しなくて困ったときには、まず入口の商品を見直すことです。**自社の商品をしっかり理解して、商品ごと、顧客ごとの購買データを見直す。そして、広告で露出している商品が本当にそれで正しいかを考える。ユーザーがその良さを体感しやすいものを選んでいるか。それが伝わるような見せ方をしているか。お客様に直接インタビューしてみると、社内で想像していることとお客様が考えていることの間にギャップがあることに気づくはずです。それをやるだけでもだいぶ違うんじゃないかと思います。

ただ、「商品が大事」というとき、ひとつ注意しておきたいのは**「いい商品を作るのは当たり前」**だということ。メーカーの方と話をすると、大体「この商品はいいから絶対に売れる」というふうにおっしゃいます。でも商品は良くて当たり前。大事なのは「その商品は誰にとってどのようにいいのか」をちゃんと担当者が理解して、お客様に伝えられるかです。

商品は大事だし、良いものを作ろうというのはもちろんなんですけど、「何がいいのか」「どういうふうにいいのか」をちゃんと伝えなければいけない。「ずっと使ってもらえばわかるんですよ」と言われても買う人はほとんどいません。今すぐ相手にわかるように伝えなければいけない。言葉もそうだし、使ってみたときの体感もそうだし、商品を届けるときの箱ひとつとっても違ってくる。**その全部がひとつの「体験」なのです**。買う前から実際に使ってみるまで、すべての体験が「また買いたいな」と思えるものでできているかが大切なんです。

コミュニケーションは熱いうちに

商品と密接な関係があるのが、**コミュニケーションの中身**です。たとえば、旅行代理店ではじめての南米旅行を申し込んだ人がいるとします。はじめて南米に行くので不安だけど、行きたいから思い切って申し込んでみた。それなのに、出発するまで旅行会社から何の連絡もない。やっとメールが来たかと思えば「入金してください」という内容だったとします。それって最悪じゃないですか？

でも、南米に行くときの注意点とか、おすすめの服装や持っていくと便利なものを紹介するメールが、申し込んでから最初の5日間くらい毎日届いたとしたらうれしいですよね。だから最初の段階で、いかにちゃんとコミュニケーションをとるか。特に最初の30日間が非常に大切になります。それなのに、うちのルールでは1週間に1回しかメールを配信できないことになっているという会社もあります。1週間ごとに1通、2通、3通、4通とメールが届いても、お客様からしたら、なぜそのタイミングでメールが来るのかよくわからない。

だから、まずはタイミング。**いかに熱いうちにコミュニケーションをとるか**。その次が中身です。南米旅行を申し込んだばかりなのに、「今度はアフリカもどうですか」なんてすすめるメールが来たら、「何これ？」ってなる。こういうのイヤですよね。申し込んだ直後というのは、お客様にとって不安でもあり、楽しみでもある時期です。だから、不安を払拭して楽しい要素を増やせるようなコミュニケーションができれば、いい印象や信頼につながります。それはサプリメントでも、化粧品も同じです。

「お送りしたお試しセットは製造して1週間以内の作りたての商品です。届いたら早めにお使いください」と伝えれば、次の旅行のときまで取っておかないで使ってみようとなる。これ本当によくあるんです。お試しセットを旅行のために取っておくっていう使い方。でも何も説明がなかったらそうしますよね。そして結局、本商品の購入まで行かずにやめてしまう場合がすごく多い。**F2転換にとっては、商品・タイミング・コミュニケーションが大事**だということを忘れないでほしいですね。

第4章

CRMは心理学である

ＣＲＭを恋愛にたとえると

顧客との関係構築を考えるとき、避けて通れないのがＣＲＭです。ＣＲＭ（カスタマー・リレーションシップ・マネジメント）というのは、顧客のデータを分析し、適切なコミュニケーションを考えて長期的な関係を構築していくこと、と説明されることが多いのですが、私はよく**ＣＲＭを恋愛にたとえています。**

たとえば、あなたと私が知り合ってＬＩＮＥを交換しました。今度ごはんに行きましょうという話をして、10日後に連絡が来たらちょっと遅いですよね。30日後だと遅すぎる。2か月後とかだともう「誰？」ってなる（笑）。これはすごく大事なことで、メルマガやＬＩＮＥ、アプリのプッシュ配信の運用にもつながっていく話です。

よく「メルマガは週に何本くらい打てばいいんですか」と聞かれることがあるのですが、**実は答えなんてないんですよ。お客様のタイミング次第なので。**今、私の奥さんから

1時間に5通LINEが来たら「何かあったの？」と心配になりますが（笑）、出会ったばかりのときはそれくらいのやりとりが普通で、たくさんメッセージが来ること自体がうれしい。

私がよくやっているのは、はじめて利用してもらったお客様に「この度は登録していただきありがとうございます。弊社はこのようなサービスをしている会社です。個人情報は大切に扱いますのでご安心ください。発送の手配ができましたらすぐにご連絡します」という内容をすごくリッチなメールで送ること。これを画像が入らないプレーンテキストで送る会社が多いと思いますが、それだとお客様のテンションが下がってしまう。

さらに、発送手配ができた時点で、発送前に「手配ができました」と伝えるし、発送できたら「発送完了しました」と連絡する。届いたときに「お手元に商品は届きましたか？もし不備があればすぐに交換しますので」という連絡をする。最初にこういうことをきっちりやると、お客様にちゃんと誠意が伝わります。

「お客様がどう考えているか」だけに集中する

大切なのはお客様の気持ちを考えること。はじめて化粧品のお試しセットを買ったとか、はじめてこのサイトで服を買ったというときは、楽しみだけど不安もある。ポロシャツを買ってくれた新規のお客様に、利用したサイトから「サイズが合わなかったら交換しますよ」「このポロシャツはご自宅の洗濯機でも洗えますよ」とメッセージが来たら安心しますよね。

直接お客様と対面する機会がないＥＣの場合、この「お客様の気持ち」にどこまで近づけるかはとても大切です。私はＣＲＭを考える際、「お客様がどう感じているか」ということだけを集中して考えるようにしています。自分自身がターゲットになりにくい、たとえば女性用化粧品のような商材の場合、「お客様の気持ち」を考えるのは難しかったりします。もちろんターゲットの気持ちが自分に乗り移るようにがんばるんですけど、わからないものに関しては、身近な人とよく話をして、その人たちがどう感じているかという話をすごくしますね。

化粧品なら、私の友人や奥さんに絶対使ってもらうし、サイトでも買ってもらう。私のアカウントのＩＤやパスワード、クレジットカードも奥さんに渡して買ってもらうのですが、むちゃくちゃ文句を言われます。このサイトのここが使いづらいとか、私の中ではよくわかっているつもりの商品の特徴が全然伝わっていなかったりとか。で、言われたことはしっかり改善する。それをあまり一般論にしないようにしていて、この人が自社のターゲットに近いかどうかを考えながらやっています。

オイシックスは、毎週1回、定期的に野菜を宅配するサービスを提供しています。お客様は毎週オイシックスのサイトで、野菜を20個くらい選ぶのですが、野菜を20個選んで買うのって結構大変なんですよね、しかも毎週毎週となると「めんどうだな」と感じる人も出てくる。それをいかにめんどくさくないようにするかというのが、リピートする人にとっては大事なのです。

あるいは、商品が届いて箱を開けてみたら卵が割れていたとする。オイシックスは卵が割れていた場合は無料で交換するのですが、お客様からすると、目の前にある卵が割れていること自体が既にすごいストレスなんです。だから、卵の殻が薄くなって割れやすい夏の時期はいつもより包装を厚めにしています。何かマイナスの体験があったとき、それをどう改善するか。結局その積み重ねが重要になります。

お客様に直接話を聞いてみる

オイシックスの野菜については、地方に住んでいる母にも使ってもらっています。話を聞いてみると、母はオイシックスの野菜とスーパーで売っている野菜の味の違いにあまり気づいていないことがあるんです。サラダで食べるとおいしさがわかるのに、カレーとか煮物とかにしちゃって実感できなくなってしまう。そういうときは、どういうふうに料理したらおいしいかという話をちゃんとしたほうがいい。実際、「サラダで食べてみて」と言うと、「あ、本当においしいね」と言ってくれますし、サラダ用のドレッシングを入れてあげると、それで食べてみたらおいしかったという感想を返してくれます。

このように、**私自身がターゲット層に近くない場合、ターゲットに近い人に必ず話を聞きますし、商品の良さがわからない人に、わかるようになってもらうのはどうしたらいいかをしっかり考えます。**「やっぱりおいしい」「もっと食べたい」と思ってもらうことがすごく大事だからです。

実はオイシックスの社長は月に1回、お客様にヒアリングに行っています。お客様の家にあがって冷蔵庫とかを見せてもらう。注文している商品を見ると、魚を買っていない。この家は魚が嫌いなのかなと思っていると、冷蔵庫に魚が一杯あったりする。「どうしてですか？」とヒアリングしていくと、そこから新しいサービスができることもあります。

社長が家に来たら、お客様がびっくりするのではと思う人もいるかもしれません。でもそれが面白くて、「社長が家に来た」といって喜ぶ人が多いんですよ。そしてそれがまたリピートにつながったりする。意外な副産物なんですけど、考えてみたら確かにうれしい。だってそうじゃないですか。ある会社のサービスを利用していたらその会社の社長秘書から「ユーザー調査をしているので、今度行かせていただいてもいいですか」と電話がかかってきて、本当に社長がやって来る。そうしたら絶対その会社のファンになりますよね。だからお客様へのヒアリングは経営者が自らやったほうがいい。

少しデジタルマーケティングの話からずれてしまいましたが、私は**マーケティングに関してはお客様の気持ちがすべてだと思っています**。広告も同じで、どんなにクリック率が高くても、私がお客様だったとして、こんな広告を見たらすごくイヤな気持ちになるだろうなと思ったら絶対やらせない。そのくらい大事にしています。

商品の見せ方を考える

よく化粧品で「お試しセット」というのがありますよね。小さな容器に入った化粧品を4～5個くらいまとめて売ってたりする。実は私、化粧品会社のお試しセットを買って研究しているので、いろんなことに気づきます。

何種類も試せるのがうれしいということを前提として作っていると思うのですが、買った人から見ると「ニキビに効きます」という商品が4種類入っていると、どれがいちばんいいのかわからなかったりする。だったら4つじゃなくてもいいかもしれない。もし4つ入れるんだったら、どれかひとつをすごく目立たせる広告を打ったり、ひとつだけ大きめのサイズにして残り3つをおまけにする。この会社では「この商品がメインなんだ」ということをわかっていただいたうえで使ってもらう。そういう体験を提供することを考えて、セットの中身を見直してみるのも大事です。

商品の値段が500円でも1000円でも、お試しセットを買った瞬間というのはお客様にとってすごく期待値が上がる瞬間です。期待して届くのを楽しみにしている。でも商品が届いたら、テープで封をした普通の封筒に入っていた。それを見てお客様がどう思うかってことなんです。そういうところにすごく改善の余地があると思います。

同じように郵送で送るにしても、専用の箱を作ってみる。封筒で送れば配送料を安くできるかもしれないけれど、郵送料が上がらないギリギリのサイズで箱を作ってみる。きれいな箱で届くとやっぱり女性はうれしいんです。なぜかというと、女性は「きれいになりたい」から化粧品を買っているので、汚いパッケージや段ボール箱に入って送られてくるより、梱包している箱がしっかりデザインされているだけで気持ちいい。

こういう体験は2回目の購入体験を作るのに効果があるし、いろんなことができるはずです。クーポンやセールといった施策だけではなく、こういうアイデアを自分の会社の商材に合わせていろいろ考えられるんじゃないかと思います。

離れられない仕組みを作る

1回買ってくれた人、気に入って2回、3回と買ってくれた人など、お客様の状態によって打つべき施策は変わってきます。繰り返し利用してもらい、気に入ってくれた人に対しては、もっと好きになって使い続けてもらうための仕組みを作る必要があります。これを**「ロイヤルティプログラム」**といいます。

ある化粧品会社のファンデーションを使い始めた人がいるとします。最初は迷っていた

区分		新規顧客				継続顧客
期間		1年未満				1年以上
購入／アクション回数		0	1	2	・・・	・・・
施策の目的		アクイジション（新規顧客獲得）		リテンション（顧客維持／CRM）		
戦略		認知	会員登録施策、お試し購入など	F2転換施策	ロイヤル化施策	
マーケティング	広告など	◎	◎	△	△	△
	CRM	×	△	◎	○	○
	ロイヤルティプログラム	×	×	×	△	○
具体的手法		ディスプレイ広告、リスティング広告、SNS広告、アフィリエイト、コンテンツマーケティングなど	A/Bテスト、サイトUI	商品、ステップメール、DMなど	ポイント、マイル、MA、サイトUI改善など	
社内体制		↔				↔

施策区分表（再掲）

けれど無料だから試してみた。使ってみたらまあまあ良かったのでお金を出して商品を買ってみた。さらに定期購入サービスにも申し込みました……というふうになってくれたらうれしいですよね。でも、3回使ってみたけれど、他社からもっといいファンデーションが出てきたら、あっさりスイッチしてしまうかもしれない。

そのときに、この1年間で3万円使った人には一般には販売していない限定商品を差し上げますというプログラムを用意して、限定商品はあと3回くらい買わないともらえないというふうにすると、スイッチする気がなくなったりする。こういうロイヤルティプログラムをしっかり作っていくことが大切です。**これはインセンティブだけの話ではなく仕組みづくりの話です。**

ロイヤルティプログラムでよくあるのがマイルやポイント、優待サービスなどです。ポイントに関しては、新規顧客と継続顧客で受け止め方が違います。たとえば、楽天市場をはじめて使った人に「今ならポイント5％還元」と言ってもあまり響かない。でも、楽天をよく使うユーザーにとっての5％バックは大きい。だから、**新規に関しては商品や割引のオファーが効く。**そして**F2以降は仕組みの話になっていきます。**前ページの表を見ていただくとわかりますが、「アクイジション（新規顧客獲得）」と「リテンション（CRM）」で、施策は大きく2つに分かれることになります。

たとえば航空会社のマイルを考えてみましょう。はじめて航空券を買うときはJALでもANAでもどっちでもいいから、とりあえず安いほうのチケットを買っていたという人が何回かJALを使っているうちに、1年間に10回出張があってマイルが貯まってくる。するとランクが上がって次からは席の予約が早くできたり、手荷物検査が特別待遇になったりする。そうやってマイルが貯まりやすくなってくると、次からはＪＡＬを選択しますよね。そして、多少値段が変わってもＪＡＬのほうがいいとなってくる。こういうのが**「離れられない仕組み」**です。こうしたロイヤルティプログラムをちゃんと作っていないと、**いつでもお客様が離脱してしまう可能性がある状態と考えたほうがいい。**

ただし、ロイヤルティプログラムを企画する際には、他社で実施しているものをそのまま真似るのではなく、どのようなプログラムが自社製品・サービスに合っているかをしっかり考えること。そうしないと、かえって売上を下げたり、インセンティブのために販促費が膨らんでしまう場合もあると思います。

たとえば、自社のお客様を分析したところ、サービスを年間で平均3回使っていることがわかったとします。これが年間4回使われるようになるだけで売上は33％上がることになります。年間4回使ってもらうために、3か月に1回の特別なサービスを実施すれば売上増による利益の一部をインセンティブとしてこのサービスに投資することができますよね。

でも、年に1回ポイントの期限が切れたり、ランクが上がらなかったりするサービスだと、ユーザーにとっては「今までの買い物に何かおまけが付いた」くらいにしか感じない場合もあります。まずはしっかり自社の顧客分析をして、どのようなプログラムなら売上に貢献できるかを検討してから導入する必要があります。

マーケティングオートメーションを活用する

「離脱されない関係づくり」という点では、ロイヤルティプログラムだけではなく、ひとりひとりのお客様に合わせた対応、つまり**パーソナライズが重要になります**。お客様が何度もサイトを訪問したり、実際に購入することによって、次第に顧客ごとのデータが充実してきます。アパレルECであれば、自分の服のサイズやお気に入りのブランド、買いたいけれど少し手の届かないブランドなどが、サイトの閲覧履歴や購入履歴といったデータから理解できるようになります。これらのデータを分析して、適切なタイミングでメールやLINEなどでお知らせする**マーケティングオートメーション**（MA）を導入する企業が増えてきました。

たとえば、書籍や音楽などを販売しているサイトでは、ユーザーごとに過去に買ったマンガや音楽がわかります。買ったことのあるマンガの続きが新刊で出たときに、顧客全体に同じ文面のメールでお知らせするのではなく、そのマンガの購入履歴がある人にセグメントして「○○の新刊が発売されました」という件名でお知らせする。そうすると、続きが読みたかったお客様が購入してくれる可能性が高まるだけでなく、興味のない人にメールを送るという事態を避けられます。また、過去に買おうとしたけれど、迷って買えなかった商品が値下がりしたときや在庫が残り1つになったときに同様のお知らせをするのもいいでしょう。商品やサービスによって設計は変わってきますが、マーケティングオートメーションでは、従来のメルマガ配信ではできなかったようなきめ細かい情報伝達を自動的に実施することが可能になります。

最近ではマーケティングオートメーションのためのツールがいろいろと出ていますが、私がコンサルティングする場合は、まず「何を実施したいか」「自社ではどのような施策が可能か」を考えて、その後でツールを導入することをおすすめしています。

ツールを入れれば何でもできると考えるのではなく、そのツールを使い続けることで、顧客体験が改善されてどんどん便利になっていく。これが実現すれば、お客様は離れられない状態になって、使い続けてくれるようになります。

第5章

「広告費は売上の10%」は正しいか

「広告」はお客様との最初の接点

本書では、「新規」と「リピート」のうち、いかにリピートして継続していただくかのほうを先に説明してきました。いくら新規顧客を獲得しても、すぐにお客様が離れてしまうような状態では穴の開いたバケツのようなものだからです。あらためて、1章でお見せしたデジタルマーケティングの全体図を再掲しましょう。私たちは、ようやく優先度4の「初回購入」のための施策「広告」について語れるところまで来ました。

ここまで繰り返し「リピートが大事」と説明してきたわけですが、**リピートで大切なのは、実は「入口」です**。最初にそのブランドで味わったお客さんの体験というのが、その会社やお店のすべてになります。だからまず商品が大事だし、通販だったら商品が届いたときのパッケージや、その後に出てくるコミュニケーションなどの体験も重要になります。多くのマーケターが**新規獲得＝広告**と考えていると思いますが、この章では、お客様との最初の接点のひとつである広告について、顧客体験全体をどう構築するかという視点

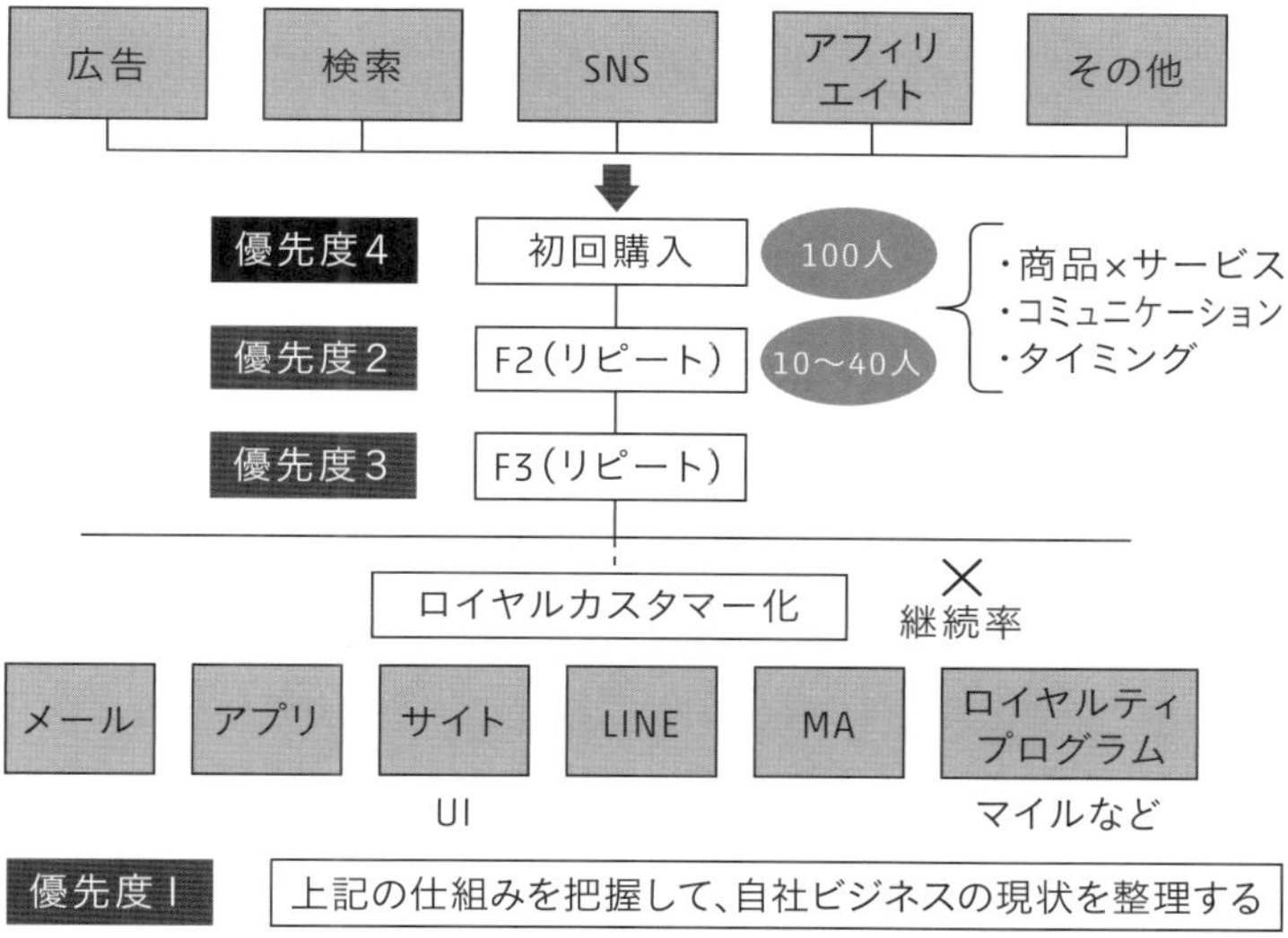

から考えてみたいと思います。

広告費はどのくらいかければいい？

新規の顧客獲得に関しては、広告をどう使うかで成果が変わってきます。売上の規模によっては「うちはなかなか広告費を出せない」という場合もあると思いますが、広告予算については利益の構造から考える必要があると思います。まず、広告に関するお金の話から始めましょう。

私が「広告をちゃんとやりましょう」という話をすると、「ドクターシーラボやオイシックスは、広告費があるからできるん

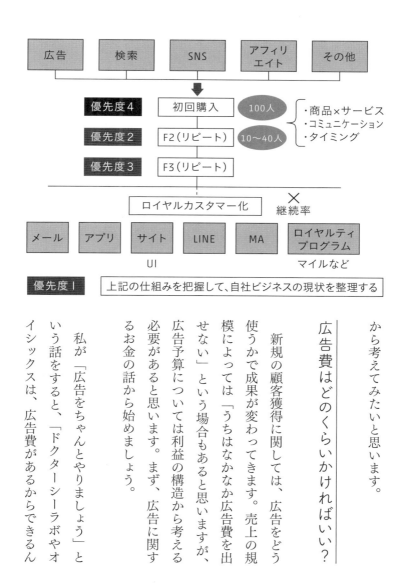

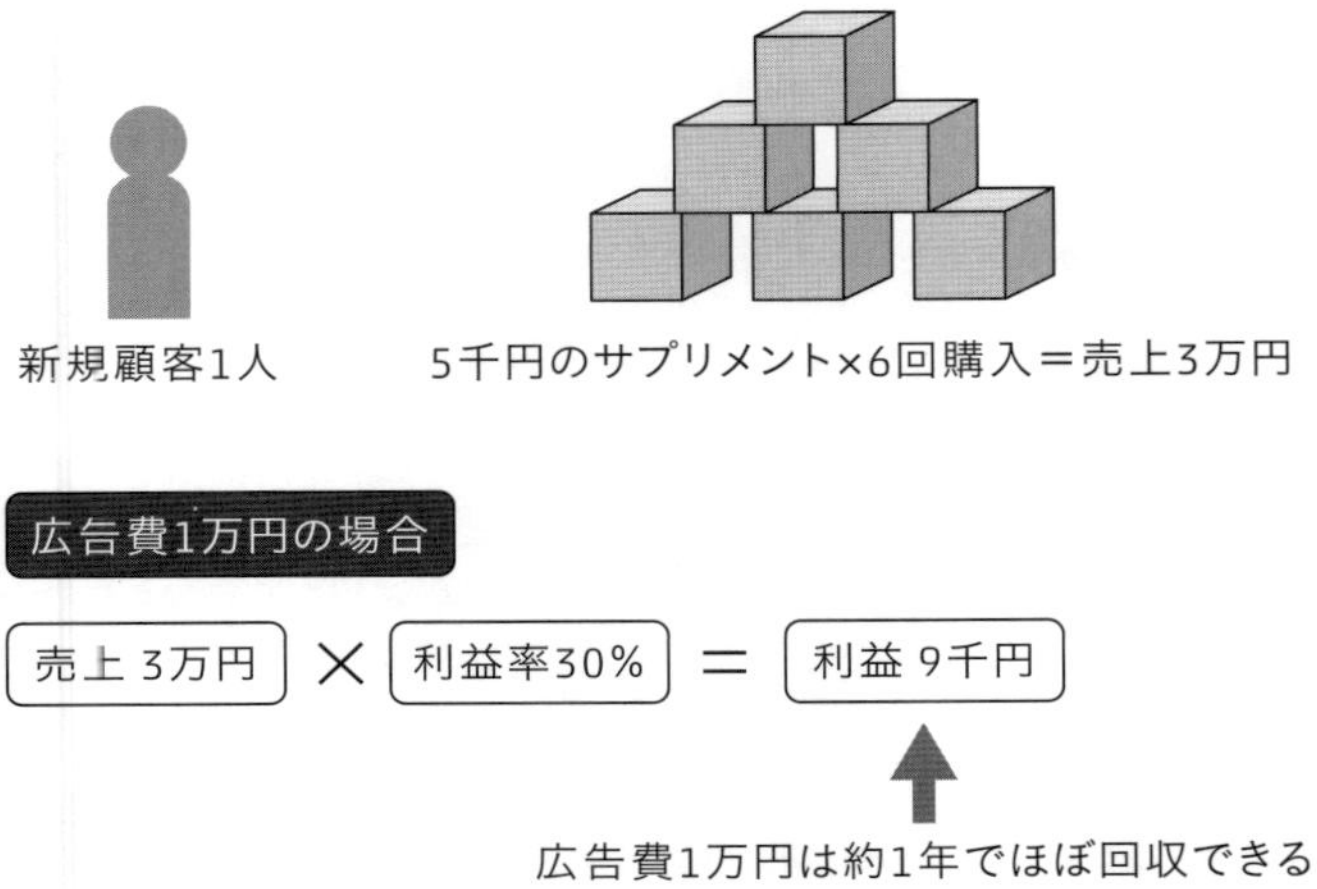

じゃない？」と言われることがありますが、私の頭の中ではいろいろな計算をしていて、どこにどうお金を使うべきかをいつも考えています。

広告費の考え方としてよく言われるのは、「売上全体の10％が広告費です」というものです。これが世の中の企業のほとんどはこのパターンだと思います。でも、10％が広告費というのは本当に最適なのでしょうか。

いくつかの数字がわかれば、妥当な広告費を割り出すことはそんなに難しい話ではありません。5000円のサプリメントを売るのに1万円の広告費をかけるのは資金がある会社にしかできないと思うかもしれません。しかし、新規のお客さんが1年間で6回買うと3万円の売上になります。商品の原価や配送コストなどを差し引いた利益率が30％だとすると、大体1年で広告費は回収できて、翌年からは利益が出るようになります。

ここで重要なのは**新規で獲得したお客様の平均継続期間です**。サプリメントの例で言えば、1年目で広告費を回収し、翌年も継続してくれれば利益が発生します。しかし、もしお客様が1年未満、仮に10か月で離れてしまった場合、当然この広告費は回収できません。継続期間が1年ならプラスマイナスはゼロ。2年なら大きく利益が出るので、このモデルの範囲内であればどんどん広告費をかけても企業としては利益が出る仕組みとなっています。

つまり、いくらまで広告費が出せるかは、売上の何％までとか、他社のCPAがいくらなのかを気にするのではなく、まず自社のお客様が**新規で入ってきてから平均でどのくらいの期間、継続利用しているのか**（平均継続期間）**を調べ、1件あたりの新規顧客獲得単価（CPA）、および、F2転換すなわち継続顧客獲得単価（CPO）をかけても利益が出る**

モデルになっているかを理解することが重要なのです。

したがってキャッシュフローがちゃんと回るなら、広告費として5億円投下してもいいし、その額は10億でも500億でも構いません。いくらお金を投下しても、**ちゃんと○か月後には回収できて、それ以降は利益が出ることがわかればそれでいいのです。**デジタルマーケティングといえば広告の話になりがちですが、私が本書でなぜここまでF2や継続顧客の話を先にしていたかといえば、この**「広告費をいくらまでかけられるか」を知ることの重要性をお伝えしたかったから、**というのも理由のひとつです。

アプリなどのスタートアップ企業が数十億円規模の資金調達をすると、何億円もテレビCMに投下することがありますが、それはこういう設計がちゃんとできているからです。何十万人がアプリを無料インストールして、何万人が課金して、課金ユーザーが何か月でいくら落としてくれるのかが設計できて、3億円投下しても3か月後には3億5000万になって返ってくるという計算ができるなら、基本的にはそのスキームで回している限りユーザーを増やしていけます。

広告費回収までの期間が3か月なのか、半年なのか、1年なのかはもちろんビジネスモデルによると思います。アプリのプロモーションでは、15日くらいで広告費を回収して、それ以降は全部プラスになる場合もあれば、ダイエットに関する商品で「3か月で成果が出ます」という性質のものなら、3か月以内に回収しなければならない。そういう場合は、1年、2年で回収することが難しいわけですが、長く使っていただく商品に関しては、新規の顧客を1件獲得するのに、いくらまで広告費を使えばいいのかを設計して、そのうえで広告をしっかりやっていく。

だから「売上の10%が広告費」というのは変なんです。結果的にそうした規模に落ち着くことが多いとしても、まず基本的な計算をして、事業スキームを作ったほうがいい。**広告というのはちゃんとしたロジックさえあれば投資なのです。**

初回購入のハードルを下げる

ここからは、広告を含む新規プロモーションについて具体的に考えていきましょう。新規の顧客獲得では、広告をどう打つかを考える人が多いと思いますが、本当に大事なのはお客さんがどの商品から入って、どんな体験をするかということです。つまり**「この商品を売りたいから広告しよう」と考えるのではなく、「この商品でいい体験をすると、お客様が自社のファンになってくれる」という視点が大切だということです。**そして、どの商品ではじめてお客様と接点を持ち、どのような体験をしてもらうかをプロモーションの中でしっかりと設計する必要があります。

自社の商品を分析し、お客様が何度も使いたくなったり、自社の特徴が伝わりやすい入口の商品を選ぶことができたとして、その商品をどのようにお客様に体験してもらえばよいでしょう。通常、検索サイトなどで検索して、サイトを訪問した人が商品を購入する率は1〜3%です（もちろん高額商品になるとこの率はもっと下がりますし、取り扱う商材やブランドの知名度によっても違います）。

入口となる商品を広告で展開するとき、日本でそれなりにターゲティングされた広告を実施すると、1クリックあたりの単価（CPC：コスト・パー・クリック）は100円く

サプリメントの例

商品価格	CVR	CPA	F2 転換	CPO
5,000円	1%	10,000円	30%	30,000円
1,000円のお試し	**3%**	**3,000円**	**20%**	**15,000円**

月額定額アプリの例

商品価格	CVR	CPA	F2 転換	CPO
有料	1%	10,000円	40%	25,000円
無料1か月お試し	**10%**	**1,000円**	**20%**	**5,000円**

らいになります。上の5000円のサプリメントの例では、新規顧客1件あたりのCPAはコンバージョン率（CVR）1%とすると1万円になります。この場合、F2転換率が30%あったとしても、F2転換を1件獲得するのに、CPOは約3万円となります。ビジネスとして、なかなか厳しいですよね（苦笑）。

化粧品やサプリメント、オイシックスのような食品に関してもそうなのですが、**お客さんにとって、それなりの値段のする商品に対する購入ハードルはすごく高い**。どんなに素晴らしい商品で、素晴らしいクリエイティブを作ってその商品を広告したとしても、いきなり1万円の商品はなかなか買えないわけです。だから、**初回購入のハードルをいかに下げるかが重要になります。**

化粧品の場合、最初は無料の試供品、無料にするのが厳しいときは500円や1000円で、小さいサイズでもいいからまず試してもらう。リピートしやすい商品をいかにスモールサイズで体験してもらうか。そのためのプロダクトをしっかり作ってそれに対してプロモーションをかけていきます。

これはアプリのプロモーションも同様です。ゲームアプリで最初から「課金しないと、このアプリは使えません」というふうにすると、その瞬間にいきなりハードルが上がります。けれど、初回の無料体験が良ければ、課金してもいいかなと思ってくれる。最近の定額制音楽サービスや雑誌の読み放題サービスも、初月無料などのプロモーションを実施しています。**この初回購入のハードルを下げることによって、先ほどのサプリメントの例ではCVR1%が3%になり、CPAも1万円から3千円に下がります。**

体験のハードルを少し上げる

初回の体験を設計するうえで、購入ハードルを下げると、当然ながら**利用する意思のな**

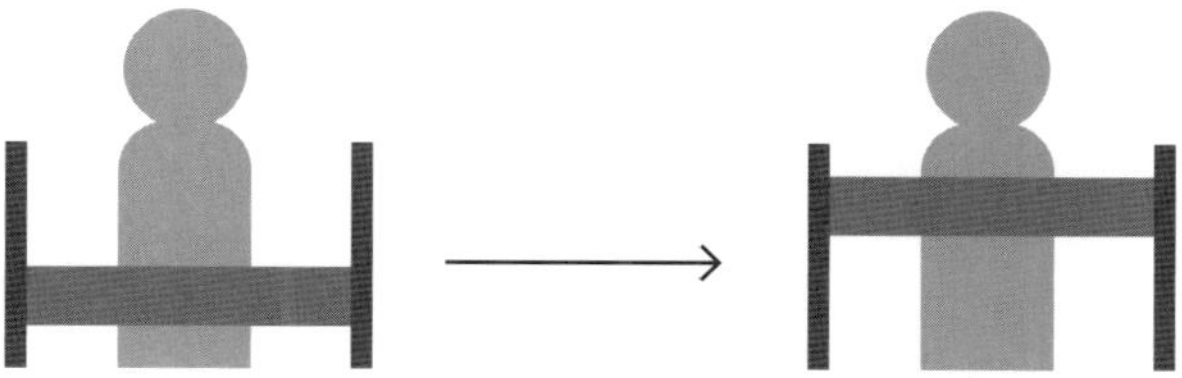

①購入のハードルを下げる　②体験のハードルを少し上げる

い人、そもそもその商品を必要としていない人の数が増えてきます。「無料だから」「安いから」という理由でそのサービスを使う人が増えるのは、アプリのようなデジタルで完結するサービスならまだ良いのですが、ＥＣのようにモノが動くビジネスでは費用がかさんでしまいます。そのようなユーザーを新規で多数獲得しても企業は儲かりません。

購入ハードルを下げた場合は、**少しだけ「体験のハードル」を上げることが大切です**。たとえば、サプリメントの無料サンプルを提供した場合は、「モニター・アンケートに回答すること」を条件とする。あるいは新聞のデジタル版のような有料コンテンツだったら30日間無料体験にする代わりに、会員登録の際にクレジットカード情報の入力を必須にするなどです。これによって、本当に必要としているユーザーだけがその先のステップに進むことができます。

設計がうまくいかないときの選択肢

広告費に関する悩みとして、ECでリスティング広告を使う場合、具体的なブランド名や商品名で検索しているユーザー以外はほとんど広告費が見合わないという相談を受けます。でも、よく話を聞いてみると、その商品単体での回収でしか見ていなかったり、その後にリピートが発生していないからこそ見合わないことが多い。全体の利益構造を考えたうえでなら、いろいろな広告ができるんじゃないかなと思っています。

とはいっても、広告費の設計がなかなかうまくいかない場合もあります。平均6か月しか継続してもらえないのに、獲得に1万円かかっている場合があったとします。そのときの選択肢としては次の3つが考えられるでしょう。

・もっとCPAを下げる
・もっとCPOを下げる

・離脱までの平均継続期間を6か月から8か月以上に伸ばす

みんなCPAを下げたい、CPOを下げたいという話をするけれど、どちらを下げるのも大変なこと。どの会社も同じ土俵で戦っているので、そう簡単には下がりません。適切な判断はそのビジネスを理解しなければできませんが、私だったらまず平均継続期間をもっと延ばせないかを考えるでしょうね。逆に、広告費が明らかに業界平均よりも高い場合には、もっと安く新規を取れるのではというふうに考えると思います。

入口体験の改善ポイント

お客様の入口となる体験の設計は広告の話だけではなく、届いた商品、商品パッケージ、お届けに要した日数、届いた後のフォローなど、やれることは多数あります。

私が新規プロモーションを設計する際に、最初に改善するところがあります。それは、**商品の注文完了メール**です。はじめて商品を買ってくれた人に「ご注文ありがとうございました」というメールはどの会社でも送りますよね。でもモール系のショップの場合、文字だけの、誰も読まないような注意書きが一杯書いてあるメールが送られてくることが多い。そういうメールを、いかに自社が伝えたいことに変えるか。お客さんの不安を解消し、期待している情報に変えていくか。

たとえば、高級なイメージを打ち出したい化粧品会社メーカーだったら、そっけないテキストメールではなくて、「このメルマガ、素敵だから次回も見たいな」と思えるメールにする。若い女性向けのファッションブランドだったら、商品と値段を列挙したセールのチラシのような内容ではなくて、ターゲットに近いモデルを起用し、全体の色合いやビジュアルなどでそのブランドの世界観を表し、「このブランド（お店）、私のものかも」と感じてもらう。そして次に届くメールをまた見たいなと思ってもらうことが、すごく重要です。

配信しているメールの開封率やクリック率を計測して効果分析をしている会社は多数あると思いますが、多くのユーザーは企業からのメールはほとんど見ていないと考えたほうがいいでしょう。最初の1〜2通目を見て、「この企業からのメールは見る／見ない」を決めているからです。つまり、その後のコミュニケーションでいくらＰＤＣＡを回して最適化しようとしても、そもそも読んでもらえないお客様に再度内容を見てもらえるようにするのは非常に難しい。つまり、**最初に送る何通かのメールをいかに改善するかなのです。**

「モールの場合は、メールのテンプレを変えられないよね」という場合もあります。でも私がこの間、あるモールで買い物をしたときに届いたメールには、店長のあいさつがちゃんと入っていました。買ってくれた人が新規かどうかを判断して、注文完了メールの文言を変えるのはモールでは難しいのは確かです。でもその店長さんは、私がはじめての購入であることをちゃんとデータで確認して、もう1回フォローでメールをくれたのです。「今回は、はじめてお買い上げいただきありがとうございます。うちのお店はこういうコンセプトでこういうふうにがんばっています。何か気づいたことがあったら、お知らせください。次回もよろしくお願いします」という内容で、しっかりコミュニケーションができていました。

アメリカのＥＣサイトでは、この初期コミュニケーションのクリエイティブをしっかり制作している会社が多いのですが、日本のサイトではあまりできていないと感じます。アップルのiPhoneを使い始めたときには「新しいiPhoneにようこそ」というメールが届くし、アドビのPhotoshopに利用者登録すると、「Photoshopを使うとこんな良い体験ができる」といった内容のメールが届きます。いずれもワクワクする世界観を損なわないクリエイティブになっています。

コンテンツは安上がり？

お金を払って出稿する広告に対して、自社サイトのコンテンツを充実させて集客するコンテンツマーケティングという手法があります。最近は「広告予算がないので、コンテンツマーケティングに取り組んでいきたいのですが」と相談されることが増えてきました。

国内にもいくつかな成功例がありますが、これらのサイトを見ると、コンテンツマーケティングというのは、コンセプトがしっかりあって、それに沿って戦略を作っていかなければならない、非常に難易度が高い施策だと感じます。コンセプトやそれを実現する体制を持っていない組織にとって、コンテンツマーケティングは非常に難易度が高いと言わざるをえません。そう考えると、担当者と外部のパートナーだけで取り組める広告施策、リスティング広告やSNS広告をまずはしっかりやることが大切だと思います。

コンテンツマーケティングというのはとても本質的で、今後のマーケティングにおいても非常に重要な施策です。だからこそコンテンツマーケティングは「広告費がかからない施策」ではなく、本質的なマーケティングの変化によって組織も社内スキルなども適応していかなければいけない手法だと考えるべきだと思います。

第6章

優先度の高い広告をやり切る

いよいよ広告の話をします

本書の冒頭で「マーケティングを日本語で何と言うか?」の話をしました。マーケティングとは売れる(儲かる)仕組み、売れ続ける仕組みを作ることです。

デジタルマーケティングにおいて最初に考えるべきことは、広告でもアクセス解析でもA/Bテストでもなく、**どのように自社の商品・サービスを売れる仕組みにするか**。そのためにマーケターは、顧客の購入傾向を分析し、どのような体験をして自社サービスに入ってきてもらうかを考え、使い続けてもらうための仕組みを作っていきます。デジタルマーケティングの書籍なのに、アドテクノロジーやソーシャルメディア、データ活用の話をほとんどしてこなかったのは、**どんなにすごいテクノロジーを使っても、これができていないと決してうまくいかないからです。**

ここまでの話を振り返ると

1. 自社のお客様を分析して、リテンション状況を把握する
2. リテンションの中でも、F2を重視して施策を実施する
3. F2だけでなく、ロイヤルティを上げて使い続けたくなる仕組みを作る
4. 入口の体験を設計して、適切な広告費を算出する

となります。ここまで理解したうえで、はじめて広告の話ができるのです。

最低限やるべき広告は何か

広告は時代とともに変化していて、手法も多岐にわたります。どの施策を優先すべきかは商材や事業規模にもよりますが、優先順位で言うと、アフィリエイトとSEMは最低限やっておいたほうがいいと思います。これらは、自社製品を探している人、もしくは自社製品に限りなく近いものを探している人にしっかり訴求するために実施します。

ここで私が強調しておきたいのは、「**SEMやアフィリエイトは最低限やっておいたほ**

優先度	施策	ターゲット
最優先でやるべき施策	SEM（リスティング広告）	商品を知っていて探している人（顕在化したニーズ）
	アフィリエイト	
次にやるべき施策	SNS広告（フェイスブック、ツイッターなど）	商品の存在を知らない人（潜在的なニーズ）
	ディスプレイネットワーク広告（GDN、YDN）	

うがいい」と言いつつも、**「この2つはかなりのポテンシャルがあるはずなので、しっかりとやり切ってほしい」**ということです。

私が過去にお手伝いした企業では、既にこれらの施策を実施していたにもかかわらず、あらためて施策を見直したことで、1年以内に200〜500%の改善ができたケースがあります。広告についての本ではないので詳しい話は省略しますが、オイシックスのようなEC専業として10年以上やっている会社でも改善しているので、ほとんどの企業でまだまだ拡大が可能な広告手法だと思います。

事業を拡大するときに使う広告

では、SEMとアフィリエイトを実施して売上が上がってきたので、さらに拡大したいという話になったとします。リピーターが増えて利益が増加し、事業規模を拡大する段階にくると、既に自社製品を知っていて検索してくれるユーザーだけでなく、商品の存在を知らない潜在的な顧客にまで情報をプッシュする広告を実施する必要があります。**ところが、今まではそういうときに使える良い広告がありませんでした。**

あっても化粧品だったら「Yahoo! BEAUTY」や「@cosme」のような専門情報サイトに純広告（バナー広告など）を掲載するしかなかった。しかし最近では、次の手段としてSNS広告とディスプレイネットワーク広告（GDNやYDNなど）の存在感が非常に大きくなっています。

これは、テクノロジーが進化し、取得できるデータが多様化したことも影響しています。多くの人がPCでブラウザを開いて情報を見ていた時代の「ウェブマーケティング」でも、閲覧履歴などからその人の興味関心を推定することができました。しかし、スマートフォンが主要デバイスになり、ちょっとした時間にSNSを使う人が増えると、「ここに旅行したよ」とか「サッカーの試合が始まった」といった投稿をいつでもどこでも行うことができます。こうしたリアルタイム性やデータの多様性がデジタルマーケティングの進化を後押ししました。

かつてはバナー広告といえば「このサイトを見ている人」というターゲティングくらいしかできなかったのが、今では「輸入車の購入を検討している人」「過去に自社サイトを訪問していて、まだ商品を購入していない人」「東京に住んでいるが、出張が多いビジネスパーソン」のように、様々な状態の「人」にフォーカスしたターゲティングが可能になってきました。その一方で「広告に追いかけられているように感じる」という人も増えています。特に、スマートフォンの小さなスクリーンに表示される広告枠は操作の邪魔に感じる人も多いでしょう。そうした環境やニーズの変化に対応する広告手法についてもこの章で後述します。

お客様の目線で広告を使い分ける

具体的にそれぞれの広告の違いをイメージできるよう、今度はお客様の目線で考えてみましょう。たとえば、オイシックスで野菜を買う人の中には、子どもに安心な無農薬の野菜を食べさせたいというニーズがあり、そういう人は「無農薬　野菜　通販」といったキーワードで検索します。そのときに出す広告としてリスティング広告があります。

では、そういう検索をした人がそのままオイシックスのサイトに来て商品を購入するかというと、そう簡単にはいきません。たとえば「無農薬　野菜　通販」で検索した結果に表示されるブログや比較サイトを見たり、ツイッターでクチコミを検索して、他にどのようなサービスがあり、ユーザーはどんな感想を持っているのかを確かめて検討します。ユーザーが参考にするであろうサイトの中から、アフィリエイトで提携可能なサイトにアプローチして商品を紹介してもらう必要があります。このように、**既に顕在化したニーズがあり、自社の商品や類似のサービスを探しているユーザーを取りこぼさない施策として**

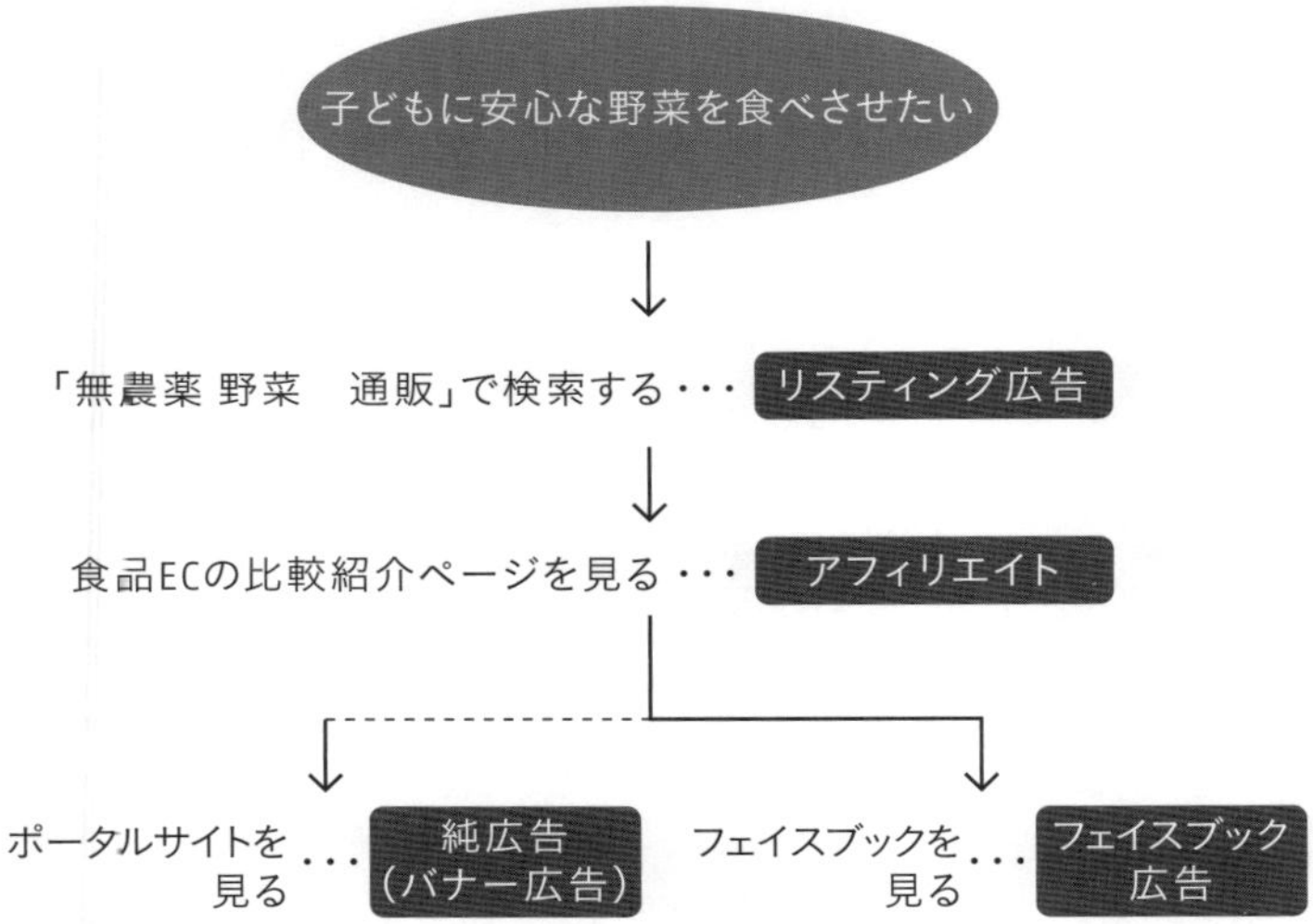

SEMやアフィリエイトがあり、広告施策ではありませんがSEO（検索エンジン最適化）を実施することになります。

しかし、オイシックスのお客様のすべてが「安心安全な野菜をネット通販で買いたい」と思っているかというと、そういうわけではありません。普段は近くのスーパーマーケットを使っていて、ネットの野菜宅配サービスがあることを知らなかった人が、広告をきっかけとしてオイシックスの存在やサービスを知り、今ではすっかりファンとして利用いただいているケースもたくさんあります。では、このような**「サービスの存在すら知らない人」**にアプローチする広告にはどのようなものがあるのでしょうか。

潜在的にユーザーになりそうな人にアプローチしたいとき、多くの人が訪れる大手ポータルサイトで「オイシックスの安心安全な美味しい野菜を自宅で食べてみませんか」という広告を配信すると、かなり効率が悪くなると考えられます。そこには、ターゲットではない人もたくさん訪れているからです。

そこで選択肢となるのが、**ツイッターやフェイスブック、インスタグラムなどのSNS広告**です。たとえばオイシックスのお客様は、小さなお子さんがいて、自分も働いているワーキングマザーが多いことがわかったとします。こうした女性は普段、どのようなデジタルの接点を通じて情報を収集しているのでしょうか。ウェブサイトでニュースを見たり、離乳食のレシピを検索したり、幼稚園や保育園のサイトを見るだけでなく、フェイスブックやインスタグラムでお弁当や家族の写真をアップしたり、ツイッターやブログでタレントの投稿を見たり、ＬＩＮＥのママ友のグループで情報交換をするなど、ＳＮＳを使っている時間が多いことが予想できます。

フェイスブック広告では、「28歳～32歳の女性、既婚で1～2歳児の親である都内に住んでいる人だけ」といった、かなり細かいセグメント（ターゲットの区分）で配信することができます。あるいは、ツイッターでは人気ママタレの〇〇さんをフォローしているユーザーだけに広告を配信することができます。

また、YDN（Yahoo!ディスプレイアドネットワーク）や、GDN（Googleディスプレイネットワーク）などでは、ヤフーやグーグルが運営しているサイトだけでなく、外部のサイトとパートナーシップを組み、広告を配信できる大規模なネットワークを構築しています。過去に「離乳食」と検索していたユーザーや、オイシックスのサイトを訪問したことはあるが購入しなかったユーザーにだけ、提携しているサイトで広告を配信するといった柔軟な広告配信を実施できるほか、アプリも配信対象にすることができます。

これまでヤフーとグーグルは、検索結果に表示されるテキストだけの「検索連動型広告」のイメージが強かったと思いますが、両社は外部の提携サイトが参加するネットワークを拡大しており、この5年ほどはディスプレイ広告のほうが大きく伸びています。

広告はすごいスピードで進化しているので、数年前にネット広告をやってみたけどうまくいかなかったという人がいるとしたら、もう1回やってみたほうがいい。勉強し直すとまったく違うことがわかると思います。

スマホ時代に急成長したSNS広告

現在、インターネットユーザーの多くがフェイスブックやツイッター、インスタグラム、LINEといったサービスを利用しており、その利用時間が伸びています。これらのサービスはいずれもスマートフォンのアプリを通じて、移動中やちょっとした隙間時間に楽しめるという特徴があります。

これまで主流だったPC向けのサイトでは、メインのコンテンツがいちばんいい場所に置かれていました。たとえば、ニュースサイトならニュース記事、検索サイトでは検索結果がメインであり、広告はその横や上下に用意されたスペースに配置されます。しかし、スマートフォンの画面はPCより幅が狭く、広告を配置できるスペースが非常に限られて

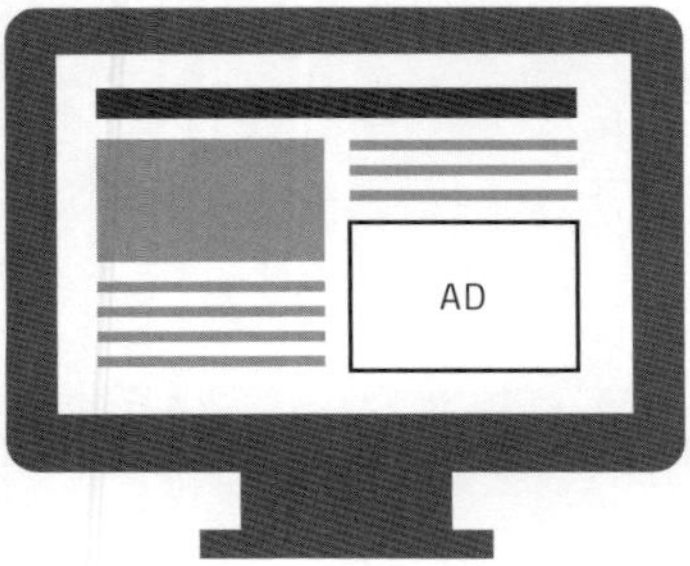

PCでは、メインコンテンツの横に
広告枠がある

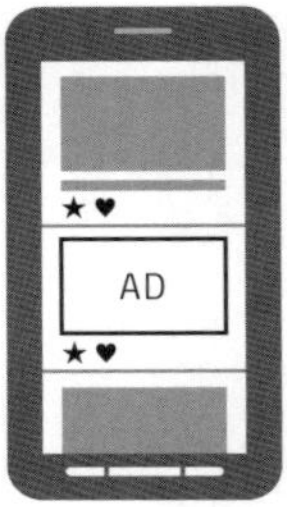

スマートフォンでは
SNSのメイン画面であるタイムラインに
広告が表示される

います。そのため、バナー広告を邪魔だと考えるユーザーも増えつつあります。

フェイスブックなどSNSの広告は、みんなが注目するメインのタイムラインに、一般ユーザーの投稿と同じようなスタイルで表示されます。「PR」「広告」のような表記は入っていますが、メインコンテンツのスペースに、メインコンテンツと同じようなフォーマットで、ユーザー体験を妨げないかたちで表示される広告を**「ネイティブ広告」**と言います。従来のバナー広告は固定の広告枠に表示されていましたが、フェイスブックやツイッターでは、広告も普通のユーザー投稿と同じように、画面を流れていきます。従来のバナー広告と比較してユーザーの目に留まりやすく、広告効果が高くなる場合が多いため、SNS広告はとても有力な選択肢となっています。基本的にスマートフォンのアプリで利用されるSNSは、ユーザー体験を阻害しないよう表示方法などを工夫しています。また、デジタル化された広告の特徴としてユーザーにクリックされない広告、ユーザーに好意的に受け入れられない広告については、表示されにくくなるように設計されています。

もうひとつ、SNS広告の効果が高い理由があります。それはユーザー側の気持ちの持ち方です。たとえばフェイスブックでは、今日、私が旅行の話をしているところをフォロワーが見に来ているわけではないんですよね。**みんな、なんとなくフェイスブックを見に来ているだけなんです。**自分自身の行動を考えてみてください。ニュースサイトを見るときはニュースを見に来ているし、レシピサイトを訪問しているときはレシピを探していますが、SNSを明確な目的があって見ているという人は少ないのではないでしょうか。そういう場所で、ママ友が「子どもにオイシックスの野菜をあげたら、人参が嫌いだったのに食べてくれた」という投稿をしていたら、その人参がほしくなりますよね。フェイスブックではそれに近いことが、広告でできるのです。

いつも持ち歩いているスマートフォンの利用時間が増え、ＳＮＳの滞在時間が伸びる中で、ネイティブ広告は必然的に生まれた広告の形態と言えます。ＹＤＮもＧＤＮも進化していますが、**ＳＮＳ広告のほうが、「そんな商品があるなんて知らなかった」という人のところにメッセージを届け、使ってみたい気持ちにさせるのが得意なのかなと思います。**

なんとなく広告をやっていませんか？

ＥＣ事業者の方とプロモーションについて話をしていて思うのが、ほとんどの会社がアフィリエイトとリスティング広告をちゃんとやっていないということです。特にこの２つは、ほとんどの会社が「自分たちはやっている」と思っているケースが多い。でも実際には、アフィリエイトを本気でやってみるだけで成果が変わります。

私がオイシックスに入社したのと同じタイミングで、アフィリエイトに強い女性が入社したのですが、彼女が担当になってから新規獲得数が上がって、アフィリエイト経由の売上が3倍くらいになりました。オイシックスはＥＣ事業者としてはまあまあ大きいほうですし、デジタルマーケティングに強い会社だと思っている人も多いと思います。そのオイシックスでも、優秀な担当者が入るだけで売上が3倍になっている。こういう数字からもわかるのは、**みんなおそらくちゃんと広告をやっていないということなのです。これはアフィリエイトに限らず、あらゆる広告に言えると思います。**

その理由のひとつは、代理店に任せている会社が多いからだと思います。本当は丸投げにせず、パートナーシップを組んで一緒にやること、あるいは自社で広告がわかっている人を採用する、もしくは自分自身で勉強することが非常に大切です。私も、アフィリエイトやリスティング広告だけでなく、フェイスブック広告ものすごく勉強しています。グーグルのアドワーズやフェイスブック広告のアカウントを個人で開設し、仕事以外でも広告を回して試しています。そこまでしっかり広告に接しているかどうかなんです。

ほとんどの人がなんとなくプロに任せて広告の運用をやってもらった結果、「うまくいかない」と言っていることが多いのではないでしょうか。プロはもちろん知識も経験もあります。でも、リスティング広告の代理店の人に化粧品メーカーが仕事を依頼しても、自社の化粧品と他社の化粧品の違いをメーカー内部にいる人間のように理解するのは難しい。全部同じに見えてしまう。「ニキビ」「美白」「アンチエイジング」といったそれっぽい化粧品のキーワードを入稿しても、あまり広告効果は上がらない。**他社との違いを考えるのは、やっぱり自分たちの仕事なんです。**自社の商品の特長を言葉にして、どうやってリスティング広告を運用するか、アフィリエイトでどういうところに掲載してもらうかというのをしっかり考えることでまったく売上の構造が変わります。

本書ではそれぞれの広告について詳しい話はしませんが、広告にはどのようなものがあって、どんなことができるのか、そしてどのように運用すればいいのかを知っておくことは非常に重要です。ここからは優先度の高い、いくつかの広告手法の概要を紹介します。「もう知っているよ」という人は飛ばしてもらってもかまいません。

SEOとSEMに対する考え方

よく知られている施策ですが、時代とともに状況が変化しているものにSEOとSEM

があります。SEOは「サーチエンジン最適化」という意味で、検索エンジンからサイトを訪問する人を増やすための施策です。ユーザーがあるキーワードで検索したときに、検索結果の上位に表示されるよう、自社サイトのコンテンツを最適化します。

SEMは本来、「検索エンジンマーケティング」という意味の言葉で、広告だけではなくSEOも含めた検索結果ページで行うマーケティング施策を指します。ここでは、シンプルにSEMは検索連動型広告（リスティング広告）を指すものとします。

SEOではページの中身を検索エンジンに伝えられるサイト構造にしたり、自社の顧客となりそうな人が検索するであろうキーワードを考えてコンテンツを作ることが大切になります。一方、SEMでは、広告を表示させるための入札価格や出稿キーワードの選定、広告文の作成方法などを考える必要があります。

SEOの2つの役割

考え方として、SEOは**「サイト構造をしっかり作ること」**と**「サイトのコンテンツを最適化すること」**が重要です。サイト構造をしっかり作るというのはかなり専門的な知識が必要で、システム開発者の対応が必要になる場合もあります。したがって、これからサイトを立ち上げる、あるいはサイトのリニューアルを行うという場合には、必ずSEOの視点を持ってやるべきだと述べるに留めておきます。逆に言えば、サイトリニューアルなどを実施する際に、SEOを無視すると大きなチャンスを逃すことにもなります。必ずSEOの専門家にパートナーとしてプロジェクトに参加してもらうべきだと考えます。

もうひとつの「サイトのコンテンツを最適化すること」についてはデジタルマーケティングに関わる人以外にも覚えてほしいと思います。たとえば、新商品を宣伝するテレビCMを放映する際には、ウェブ側でも検索の受け皿として新商品のページを準備しているかと思います。テレビCMを見た人は商品名で検索したり、そのCMに出ている「俳優の名前＋ＣＭ」などで検索するからです。しかし、そうしたキーワードで検索したときに、検索結果にページが表示されないケースが今でも散見されます。とてももったいないと感じます。

これは、コーポレートサイトの採用ページなどにも通じる話です。社員のインタビュー記事や充実した福利厚生の紹介ページを作っても、そのページを見る人は必ずしもコーポレートサイトのトップページからそのページに移動するとは限りません。おそらく多くの場合、「社名＋採用」とか、「社名＋社内制度」などで検索した結果から訪れていると思います。そのため採用ページであってもＳＥＯに配慮する必要があります。ページを記述するＨＴＭＬファイルの<Title>や<description>、<h1>タグの設定など、最低限のＳＥＯの知識を身に着けておきましょう。

また、その年の採用が終わるとページを削除してしまう企業も多いと思いますが、ユーザーというのはいつ検索しているかわからないうえに、一度ページを削除してしまうとそのページでのＳＥＯの効果は下がると言われています。ですので、削除するのではなくて、「現在の採用はありません」などのメッセージを表示するなどのメンテナンスをして、ページ自体は残しておくほうが良い場合があります。ECサイトなら「母の日」や「お歳暮特集」など、季節ものの特集ページを作成したときも同様のことが言えます。

SEMとキーワード

SEMについては、**SEOで上位表示できない部分を広告で補足するのが基本的な考え方になります。**SEOというのはグーグルなどの検索エンジンが検索結果の表示順位を決定しているので、いくら自社でSEOをがんばっても上位表示されない検索キーワードがたくさんあります。

SEOで表示できなくても、SEMなら広告費を払えば広告枠に表示することができます。どのキーワードにどのような広告を掲載すればいいかは、費用対効果を見ながら運用することになります。SEMではキーワードを大きく2つに分けて考えます。

①指名系キーワード：具体的な会社名や商品・サービス名

例：「翔泳社＋仮想通貨の本」「マーケジン＋イベント」

②一般系キーワード：「化粧水」「野菜通販」などの一般的なキーワード

SEMは、いわゆる「運用型広告」のひとつです。キーワードや広告予算の配分などを設計して実施してみて、効果が良ければ追加で実施したり、効果が悪ければすぐに止めることができるのも大きな特長のひとつです。

リマーケティング広告・ショッピング広告

最近のグーグルでは「検索広告向けリマーケティング リスト（RLSA）」というメニューもあります。これは自社サイトを訪問したことがあるユーザーがグーグルやその提携サイトで検索を行っているときに広告を表示して再訪問を促します。このように「**リマーケティング**」というのは、一度なんらかの接点を持った人にあらためてアプローチすることを意味しており、「**リターゲティング**」とも言います。

またグーグルには「**ショッピング広告**」という、特定のキーワードで検索した結果に関連する商品のリストが写真とともに表示される広告もあります。リマーケティング広告やショッピング広告は、ＥＣサイトやホテル予約サイトなどで多用されています。

このように検索に関わる広告手法も選択肢が増えています。過去に実施してうまくいかなかった人は、再度取り組んでみることをおすすめします。

アフィリエイトの考え方

皆さんは「アフィリエイト」と聞いて何を思い浮かべますか？「アフィリエイトをがんばろう」という話になったとき、何をすればいいのかわかりますか？実はこれがわからない人って意外なほど多いんです。

アフィリエイトとは「成果報酬型広告」のことで、たとえばブログなどで商品やサービスを紹介したり、その商品を購入できるページへのリンクを張り、そこから購入や申し込みがあった場合に報酬が入る仕組みです。通常はアフィリエイトサービスプロバイダー（ASP）と呼ばれるアフィリエイトのシステムを提供している企業と提携して実施しますが、ASPと契約するだけではなかなか効果を上げることは難しい施策です。

アフィリエイトの考え方としては大きく3つに分かれます。まず**クレジットカードのポイントやマイルが貯まるサイトへのアプローチです。**代表的なのは「永久不滅ポイントサイト（セゾンポイントモール）」、ANAやJALのサイトなどです。ポイントやマイレージを貯めている人はネットで買うとき、こうしたモールなどに掲載されているサイトの中から買うことが多いです。**こういう大きな消費が生まれている場所のユーザーを落としてはいけません。**ショッピングの選択肢のひとつになるよう提携し、モール内で広告を出して初回購入してもらい、その後もモール内でリピートしてもらうといった施策が有効です。

もうひとつは、個人や小規模な法人が運営している場合が多いのですが、**SEOに強**

3つのアフィリエイト

- ポイントサイトなど多くの消費が行われているサイトやモールと提携する
- 小規模だが、検索結果に上位表示されているサイトで紹介してもらう
- 個人のブログなどで紹介してもらう

いサイトへのアプローチです。たとえば、ファンデーションで検索したときに上位表示されているサイトあったとき、そこに自社の商品が出ていなかったら「こういう商品があります」というコミュニケーションをしに行く。そういう検索まわりのアフィリエイトです。

最後は、**ブログなどで商品を紹介してもらう**もので、多くの個人ブロガーがアフィリエイトネットワークに参加して報酬を得ています。大きく分けるとこの3つがあります。

どれも地道な作業ですが、これらはユーザーの入口、特に商品選定というところに大きく関わってきます。たとえば、「お中元のお返しにぴったりな商品5つ」という記事があるとつい見てしまう。そして「それでいいや」と買ってしまう。そういうところに自社の商品が入っているかいないかの

違いは大きくて、自社でSEO対策をするより意味があったりします。ですから、アフィリエイトはそこをやり切るだけでも大きく売上が変わってきます。

SNS広告①フェイスブック

現在、SNSのユーザーや利用時間が増えたことで、SNSでの広告配信がデジタルマーケティングにおいて非常に重要になってきています。日本で使われているSNSは、主にフェイスブック、インスタグラム、ツイッター、LINEがありますが、それぞれできることが違うので、サービスごとに「何ができるか」を知っておくことが大事です。

フェイスブックがインスタグラムを買収したので、この2つの広告配信システムは基本的には同じと考えていいでしょう。フェイスブック広告の優れている点は、生年月日や出身地、出身大学、交友関係などがデータとして蓄積されているために、**精度の高いターゲティングができる**ことだと思います。

そうした属性をもとにしたターゲティングだけではありません。「カスタムオーディエンス」という機能では、自社で保有しているメールアドレスなどをフェイスブック側に取り込んで、メールアドレスが一致したユーザーに広告を配信したり、逆に配信しないといった指定が可能です。また、「類似オーディエンス」は、既存顧客に類似した特徴を持つ人に広告を配信する手法です。新規顧客の開拓を考えているときに有効な選択肢になるでしょう。

最近では、このカスタムオーディエンスや類似オーディエンスの配信効果が高く、フェイスブックが持つデータの精度の高さに驚かされます。「トライアル商品を購入したユーザーの類似」「本商品の定期契約をしているユーザーの類似」など、どのデータをフェイスブックに連携するか、そして広告のクリエイティブ力の2つが成功の鍵となっている広告です。

SNS広告②ツイッター

次にツイッターですが、ターゲティングとしてはフェイスブック同様、デバイスや地域、性別、趣味などを指定することが可能です。また、特定ユーザーをフォローしている人に広告を配信したり、ツイッターで投稿されたり検索されているキーワードに合わせた配信もできます。

ただし、ツイッターは匿名での利用が可能なので、性別や年齢などの属性情報に関してはあまり精度が高いとは言えません。ターゲティングできる情報もフェイスブックに比べて少ないのですが、特定ユーザーのフォロワーやキーワードによる広告配信はとても有効です。たとえば、サッカーの有名選手のフォロワーであれば、その人がサッカーに興味があると推定することができます。**ツイッターでどんなクチコミがされているかを検索している人も多いので、商材やサービスによってはとても有効な広告手法になります。**

また、ツイッターはユーザーの行動に特徴があります。テレビ番組を見ながら同じタイミングで決まったワードを投稿したり、ハッシュタグを使った遊びが自然発生することもよくあります。また、リツイートによる拡散力も非常に大きいです。こうしたユーザー特性を理解したうえでターゲティングし、クリエイティブを作ることが大切だと思います。

ＳＮＳ広告③ＬＩＮＥ

最後にＬＩＮＥですが、企業の公式アカウント、スポンサードスタンプから広告まで、その他ＳＮＳとは少し違った特徴を持つサービスです。公式アカウントやスポンサードスタンプは多くの企業が実施していて効果の高さがうかがわれますが、必要な予算も大きく、一定期間の継続が必要なため、まずは広告から始めるのがよいでしょう。

ＬＩＮＥもフェイスブックやツイッター同様にタイムラインがあり、広告を配信することができます。２０１６年にはＬＩＮＥアプリとＬＩＮＥ関連サービスを対象とした広告配信を本格的に開始しました。

ＬＩＮＥを使い始めるときに入力する情報は限られているため、ターゲティングの精度はまだ低いと言えますが、**国内最大の利用ユーザー数とアクティブ率を誇るサービスであることから、フェイスブックやツイッターではリーチできないユーザーにも広告を届けることができます。**また、ユーザーの興味関心などを分析した広告配信もこれから洗練されていくと考えられます。

進化するディスプレイ広告

ディスプレイ広告は、近年最も進化している分野です。以前は特定のサイトで「1週間の広告掲載で、〇〇インプレッション保証で〇万円」という方式で掲載されていましたが、アドテクノロジーの進化によって、成果を見ながら柔軟で多様な広告配信が可能になりました。中でも、膨大なデータを持つグーグルとヤフーは独自の進化を続けており、ネットワークも拡大しています。そのためＧＤＮやＹＤＮの効果はこの数年で向上しています。ここではＧＤＮやＹＤＮを「ディスプレイネットワーク広告」と呼ぶことにします。

データ活用や広告配信の手法が洗練されていくにつれて、その仕組みは非常に複雑になっています。やはりここでも、どのような配信手法があり、どのようにユーザーとコミュニケーションしていけば成果が上がるか、つまり**配信手法×クリエイティブをしっかりと考えられている企業が効果を上げていると感じます。**

GDNやYDNは配信面だけでなく、配信できるバナーのサイズなど異なる点はかなりありますが、共通するのは「サイト」にターゲティングするか「人」にターゲティングするかのどちらも選べるということです。たとえば競合の商品名で検索しているユーザーに自社の類似商品の広告を配信したり、アフィリエイトで効果の高いサイト上でさらにディスプレイ広告を配信するということも可能です。

グーグルでは近年、広告をクリックした人が実際にどのくらい来店したかという「来店率」を計測する機能の提供も開始しており、オンラインもオフラインも一貫して効果を計測できる世界を目指しています。また、クリテオが提供しているダイナミックリターゲティングと呼ばれる手法では、ユーザーが見たECサイトからおすすめ商品の画像をピックアップしてクリエイティブを自動生成し、ネットワークに配信することができます。同様の手法はGDNやYDNでも可能です。このように広告の手法は進化しているので、最新動向をキャッチアップすることを心がけましょう。

広告は気持ちづくりが大切

優先度の高い広告の話をしてきましたが、結局いちばん重要なのは「どこで広告を実施するか」だけではなくて、**「その広告で、どのようにお客様が買いたい気持ちになってくれるか」**です。

フェイスブックでは現在、2000万〜3000万くらいの人にリーチできると言われています。しかもターゲティングの精度が非常に高いので、ターゲット層にリーチしたい企業は億単位で広告予算を投下します。「うちのお客さんは、フェイスブックにはいない」「人数が足りないんだよね」と言う人もいますが、それはテレビCMを展開するくらい広告予算を持っている会社の話です。そうではないスモールビジネスになればなるほどフェイスブックというのは使いやすくてリーチしやすい場所だと思います。

たとえば、私はコンサルティングの会社を経営していますが、仕事の依頼は全部フェイスブック経由なんです。自分のアカウントでいろんなことを投稿しているだけなんですが、フェイスブックで声をかけていただいた仕事だけで、年間数億円くらいになります。広告費はゼロです。でもすぐにそのくらいの売上が作れる。いかにフェイスブックをうまくやることが大事かわかりますよね。

写真ひとつとっても、何が写っているかで反応が全然違います。この間、旅行に行ったキルギスから写真を投稿したときは、きれいな風景写真よりもドローンを飛ばしてる私の顔が写っている写真のほうにたくさん「いいね」が付きました。私をフォローしている人は、一緒に仕事をした人や講演を聴きに来てくれた人たちなので、私にエンゲージメントがあるからです。この**「私の顔が写っているだけで反応が違う」ということを知ることが、「フェイスブックをちゃんとやる」ということなんです。**

ニュースサイトを見ている人と、SNSを見ている人と、検索エンジンを使っている人がすべて同じ人だったとしても、それぞれ使っているときの状況は違います。たとえば、ニュースサイトでは有効だった「今だけ50％オフ」と書かれた派手なバナー広告をフェイスブックで使ったら嫌われてしまい、とても効果が悪いということが多々あります。こういう話をすると、SNSでうまくメッセージを伝えるのは難しそうだと思う人もいるかもしれません。でも、自分でSNSを使ってみると、「こうすればいいのかな？」というコツがつかめるようになります。

フェイスブックを使って、どうやったらいい反応が得られるかの感覚をつかんだら、それを広告に応用してみましょう。男性は微妙に顔が見えない女性の写真が出てくるとクリックしたくなるかもしれない。じゃあこの商品のときにはこういう写真がいいのでは……という発想ができるようになればしめたものです。

フェイスブックの投稿と広告は作り方が似ていると思います。フェイスブックで「うちの犬が死んじゃいました」という投稿が流れてきたとき、「いいね」とか絶対に押せないじゃないですか。逆に「結婚しました」という投稿にはたくさん「いいね」が付く。実はこれ、フェイスブック広告でいいクリエイティブを考えるときにすごく大事なことなんです。**自社の商品にとって「いいね」したくなるようなクリエイティブをどう作るかというときに大事なのはこういう発想なのです。**

いろいろ実験をしていると、何時くらいに投稿するとどれくらい「いいね」が付くのかがわかりますし、投稿の最後に疑問形で「これどう思いますか？」と問いかけるとコメントがたくさん付いたりする。これとフェイスブック広告のロジックは結構似ていて、こういうことができるようになると、どんどん広告を出しやすい状態になり、1クリックあたりの広告配信単価が安くなります。

フェイスブック広告で「いいね」やコメントをもらったり、クリックしたくなるような工夫をしていくと、フェイスブック側がその広告を優先して出すようになり、うまく運用しているところは1クリックあたりの単価が30円くらい、悪いところは400円くらいかかったりします。フェイスブック広告の運用のヒントを探すときに本を読むのもいいと思いますが、自分がフェイスブックで思わず「いいね」を押したときに画面をキャプチャして保存しておくとか、そういうことからも学ぶところが多いと思います。

自分たちでできるところからやっていこう

この章の最後に、あらためて注力するべき広告について整理してみましょう。100%すべてのビジネスモデルに当てはまるわけではないのですが、経験値で言うと、優先度が最も高いのはアフィリエイト、SEMです。ECではダイナミックリターゲティングのクリテオも上位に入ります。そして現在は難易度が上がっていますがSEOがあります。

その次に、フェイスブックやツイッターなどのSNS広告とディスプレイネットワーク広告があり、最後に、あらかじめ決められた掲載期間や料金で配信する純広告が入ります。

まず①の部分をやり切ってない会社がほとんどです。**ここをちゃんとやると全然変わります。**SEOはやったほうがいいのですがしっかりやれるスキルがないと辛いです。①が

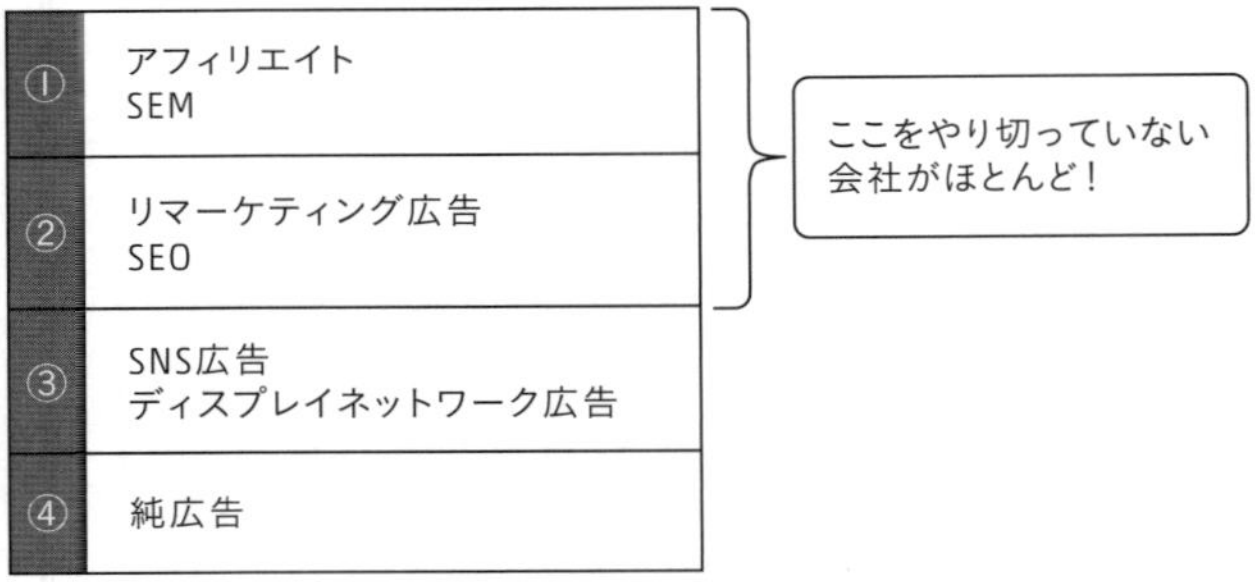

①	アフィリエイト SEM	ここをやり切っていない会社がほとんど！
②	リマーケティング広告 SEO	
③	SNS広告 ディスプレイネットワーク広告	
④	純広告	

優先度の高い広告

大体攻略できたら、次に②をやるというかたちです。

なぜこの順番になっているかというと、**①というのはある程度自分たちだけでできる部分があるからです。**アフィリエイトは担当者が個人ベースで動かせるところが多い一方でＳＥＯはエンジニアが関わってきたりする。自分たちでできるところはしっかり勉強して、そこからやっていきましょう。

③のディスプレイネットワーク広告についてはウェブ以外にも多様なデータを活用して、実施できることが広がっています。ＳＮＳでは動画広告も高い成果を上げています。ＧＤＮひとつとってもできることはいろいろあるのですが、多くの人はあまり知らずに活用できていない場合が多い。ここはできることがたくさんある領域です。

こんなとき、どの広告を使う？

繰り返しになりますが、大切なのは「その広告で何ができるか」をしっかり理解すること。それがわかれば、どんなときにどの広告を使えばよいか自然とわかるようになります。たとえばＪリーグのクラブチームがアプリを作ったとして、それをたくさんの人に使ってもらいたいとします。あなたなら、どのような広告を実施しますか？

たとえばですが、私ならまず、そのクラブチーム名や所属している選手名で検索しているユーザーにリスティング広告を実施します。もしそのチームが注目の試合で熱戦を繰り広げている最中だとしたら、ユーザーはネットに情報を取りに来ます。そこをねらうのには検索がいい。

次の手としては、そのチームのサポーターなどが運営しているブログにアプローチして、アフィリエイト広告を実施したり、クラブの公式サイトを訪問しているユーザーや、過去にクラブ名で検索したユーザー向けにGDNやYDNといったディスプレイネットワーク広告を展開します。そしてSNSならツイッターを使い、所属選手のアカウントをフォローしているユーザーに向けて広告を実施します。さらに拡大できそうだったら、そのクラブチームの拠点がある市に住んでいる人たちに向けて広告を展開します。

このように、**広告は「媒体」ではなく、「何ができるか」で考えること**。そうしないと、うまく使いこなすことはできません。企業の広告担当者は、今のデジタル広告をもっと勉強する必要があると思います。

第 7 章

サイト改善とKPI

ページビューに一喜一憂する前に

ECの売上を伸ばすために、サイトのアクセス数を伸ばしたい、ページビューを増やすための集客や露出について知りたいという質問をよくいただきます。ざっくり言うと、**サイト全体のアクセス数はあまり気にしなくていいかなと思っています**。気にするというよりは、**サイトが今どういう状態かという健康診断を実施して、サイトを改善するためのPDCAを実施することが重要です。**

たとえば、単に「アクセスが減っています」というのではなくて、「リピーターのアクセスが減っているのかどうか」といったことに注目する。新規は広告を出せば取れるじゃないですか。だけど、ビジネスの構造的な問題でアクセスが減っているとしたら、サイトのアクセス数を増やすという対策に意味はないかもしれない。かつてある商品に人気があったときは、SEOをやって自然検索で流入が増えていたけれど、最近はその商品の人気が低迷して、検索数が減っているということだったら、ある意味どうしようもない。**そ**

のどうしようもない状況というものをＥＣで作ること自体が、私はあまり良くないと思っていて、ちゃんと自社の中でコントロールできる状態を作るべきだと思っています。

だから、「アクセスが減少している」というのが課題だというときに、はじめての来訪、たとえば広告のランディングページに対するアクセス数が減っている場合はそれをどう解消するかだし、リピーターの来訪が減っているとしたらどんな手を打てばいいかというように、**まず状況を分解することです。**

メルマガからの流入が減っているという現象に対しては、メルマガの内容自体に原因があるのか、それともＬＩＮＥのような一対一のコミュニケーションツールにユーザーが流れていることに原因があるのかを考える必要があります。そのために、一通一通をしっかり分析していく。その結果、注文完了メールや商品発送連絡のメールは開封されているが、全会員に同じ内容を一括配信するようなメルマガは見られなくなってきていることがわかったとします。

その場合、メールのようなツールをＬＩＮＥに置き換えたところで、初期はアクセスが増えるかもしれませんが、最終的には同じような状況になることが想定されます。**なぜなら、ここで問題となっているのは、おそらく一括で情報を配信していることだったり、件名や本文が魅力に欠けているといったことが考えられるからです。**ツールを変更することも大事な決断ではありますが、まずは一対一のコミュニケーションができる状態にする。コンテンツの面でも、人員の面でもそれが可能な体制を構築する必要があるでしょう。そのうえで、ＬＩＮＥのようなツールを入れるというのがこの場合は正解かもしれません。

商品によっても見方は変わってきます。食品や日用品の場合、はじめて買ってから大体2か月の間にリピートしない場合、その人が再び買う確率はかなり低いと思います。一方、買ってから6年間はリピートしないような商材の場合、はじめて商品を買ってから2か月以内に購入することはないでしょう。でも何回もサイトにアクセスしたくなるような状態を長期的に作っておけば、リピートにつながりやすいというのがデータから把握できるのだったら、そのアクセスを維持することが大事になります。

だから、サイト全体のアクセスやページビュー、セッションの数というのは、私はあまり気にしなくていいかなと思っています。

サイト改修はゴールが大切

デジタルマーケティングでは、広告の話が中心に語られる場合が多いのですが、重要なのはサイト訪問数だけでなく、ウェブサイトやアプリの中でユーザーにどのような体験をしてもらい、そして企業のゴールが達成されていくかです。サイト改善については様々な書籍が出ていると思いますが、ここでは私が関わってきたECサイトの改善の話をしていきたいと思います。ECサイトでは「売上」がゴールとなっていますが、BtoBのサイトでは「資料請求」であったり、ニュースメディアでは「会員登録」がゴールの場合もあるでしょう。そこは読み替えながら、同じように考えていただければと思います。

私がオイシックスに入ったとき、最初にやったのはPCサイトのリニューアルでした。その後にスマホサイトのリニューアルをやって、今はアプリもやっています。当時のオイシックスのPCサイトは、コンバージョン率を見る分にはそのままでよかったのですが、ユーザーのインタビューやサイト解析をした結果、リピートの観点から見ると使いづらいサイトなっていた。そのため、何度も買いたくなるような使いやすいサイトにすることをゴールに改修しました。

だからまずは**自社サイトの問題がどこにあるかを明確にすることです。**はじめて来た人が迷子になりやすくて買いづらいとか、リピーターにとってめんどうなサイトになっているというように、ユーザーの状況によって工夫すべきところは違います。あくまでも、お客様の目線で問題点をはっきりさせる。はじめて訪れた人にとってわかりやすいか。何度も来訪を重ねている人にとってわずらわしい手順はないか。目的の商品にちゃんとたどり着けるか。こうしたところに問題があるなら、それを改善することがゴールになります。ゴールが何かを理解したうえでサイトを再構築しないと、かえって良くない結果になると思います。

もうひとつ大切なのは、**改修したときに、それがどのくらいの成果につながるのかとい**

う視点です。SEOに配慮したサイト構造は最低限絶対にやらなければいけないけれど、SEO自体がすごく難しい時代になりつつある中でどこまでそこに注力するのか。そうでなければ、アフィリエイトやリスティング広告をやって集客し、サイト来訪時のコンバージョン率を最大限にするべきなのか。もしくは、コンバージョンはある程度できているけれど、何回も使うのがすごくしんどいサイトなら、リピートしてくれた人のうち、どこを通過しているユーザーが最も多いのかを考える。

たとえばアマゾンを使うときに、「カテゴリー」メニューをクリックして一覧から商品を探すことってほとんどないですよね。仮にアマゾンがこうしたヘッダ部分をリニューアルしたときに売上がどのくらい上がるかというと、私はほとんど上がらないと思います。たぶんアマゾンで最も重要なのは検索画面の使い勝手とサイト内検索結果の最適化だと思います。

同じ本を何回も買う人はほとんどいないと考えるなら、リーダーシップについての本を探している人がいるとき、検索結果の上位に過去に購入した本は表示しないで、なるべく

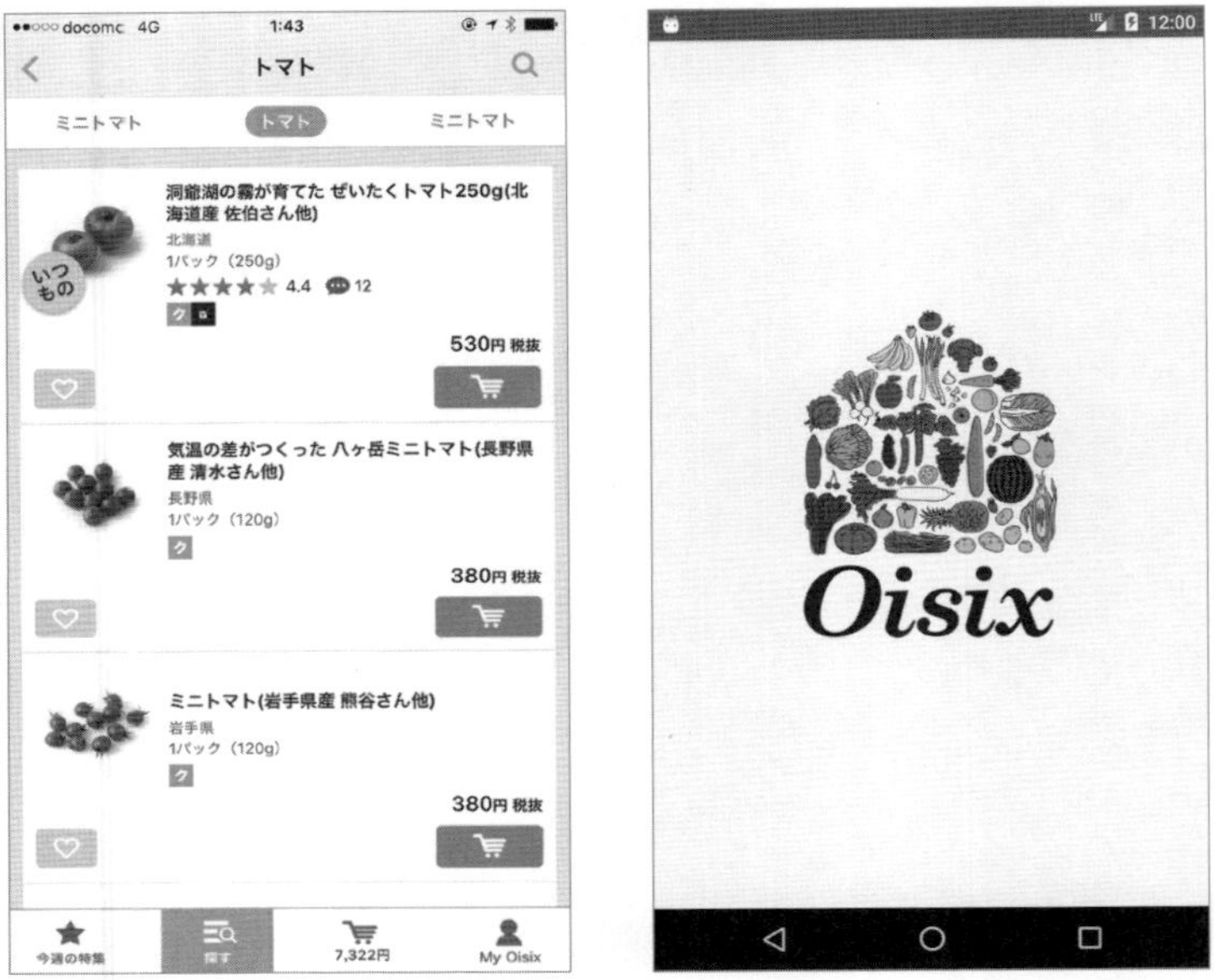

Oisixアプリ

新しい本を上位にするという最適化をかける。

逆に、オイシックスみたいに野菜を売っている場合は、おいしければ何度もリピートしたくなる。だから、検索結果には過去に購入した商品を上に表示して「いつもの」と書いてあげる。そうすれば、「トマト」で検索して商品が10種類くらい出てきたときでも、「これ前に買ったやつだ」とわかるし、リピートしやすい。だから、サイト改修は、必ずゴールがどこにあるかを明確にしたうえでやることをおすすめします。

カートの改善は必ずやること

一般論ではありますが、カートのところだけはちゃんと改善をやるべきです。商品をカートに入れてから、離脱しているユーザーと購入完了しているユーザーの比率を見ると、購入完了ユーザーの割合は普通で50％くらい。いいサイトだと60％、悪いと30％くらいになる。この数字が下がるのは、購入を完了する途中で、何らかの要因があって**購入する気持ちが低くなってしまっているからなんですよね。**

たとえば、商品を買おうと思ってカートに入れたけれど、送料がどこに書いてあるかわからない。自宅に届くまでに何日くらいかかるかわからない。あるいは不良品の場合はどうするとか、返品はいつまでとか、購入するときに想定していなかった注意事項がたくさん表示されて、全部読まないと購入できないのかと感じてしまったなど、離脱の要因は様々です。

単価	カートに入れたユーザー	購入完了したユーザー	購入完了率	売上	
¥1,000	100	50	**50%**	¥50,000	①
¥1,000	100	70	**70%**	¥70,000	②

②÷①＝140%

購入完了率と売上

そういう部分をひとつひとつ改善していって、カートに商品を入れてから購入完了するユーザーの割合が50%から70%になるだけで、売上は140%になります。だからカート以降は絶対に見直して改善したほうがいいと思います。

スマホ中心で考える

サイト改修でもうひとつ大きなやるべきことがあるとすれば、それは「スマートフォン」への対応です。社内があまりスマホ対策に積極的でない場合は、体制を変えたほうがいいくらいです。すべてスマホベースで考える。

細かい話かもしれませんが、ウェブでのプロモーション企画の資料を作るとき、PCサイトの画面ではなく、すべてスマホの画面にする。お客様への説明画面もスマホでキャプチャするし、メールマガジンもすべてスマホを意識して書く。これはもう癖にしたほうがいいですね。**極論を言うと、PCのメールなんて見なくてもいい**。スマホ中心でメールを作る。HTMLメールを作るにしてもスマホ。そのくらい、まずスマートフォンをベースに考えることが大切です。

見るべきサイトのKPI

最後に、サイトのKPIの考え方について説明したいと思います。ECサイトにおける売上の計算式は次のようになります。

売上＝セッション数×コンバージョン率×注文単価

私は売上を構成するこれら3つの要素について、それぞれ表を作り計画を立てて管理しています。流入セッションを増やしたいと考える人が多いのですが、**しっかり計画を立てずに無駄なセッションを増やしてもあまり意味はありません**。また、どんな施策でこうした数値を上げていくのか、あまり計画的に考えていないケースもよく見かけます。なんとなくSEOをやったら売上が増えるんじゃないかみたいなやり方ですね。そんなときに、私がサイトへの流入状況を整理するために使っているのが次ページの表です。

本書の前半では、売上を新規と継続のお客様からこう作ろうというのを説明しましたが、サイトとしての売上をどう作るかは、こういうフォーマットを使って考えていきます。それによって、流入を増やせばいいのか、サイトを改善してコンバージョン率を増やせばいいのかがある程度明確になるし、そこに対して計画もできるようになるからです。

やみくもに流入セッションを増やそうとするのではなくて、いったんざっくりとこの表のように分類します。★が付いている項目は管理するべき数字であることを表しています。「直接」というのは「リファラなし（参照元なし）」のことで、ブラウザの「お気に入り」から直接来ている流入などを指します。ツイッターやフェイスブックからの流入は全部「SNS」に、アフィリエイトの流入は全部「アフィリエイト」に入れるというように分類していきます。この分析をするときは、Google Analyticsなどアクセス解析ツールで、流入別に名前をつけて集計するよう設定しておくと便利です。

流入チャネル		4月	5月	6月
直接★		100	100	100
		5.0%	5.3%	5.2%
SEO★	指名（ブランド・会社名）	100	110	120
		4.1%	4.0%	4.4%
	指名（商品名）	50	70	50
		2.0%	2.2%	2.2%
	一般	250	280	310
		1.0%	1.0%	1.2%
SEM★	指名（ブランド・会社名）	100	200	200
		4.1%	4.0%	4.4%
	指名（商品名）	50	70	50
		2.0%	2.2%	2.2%
	一般	250	280	310
		1.0%	1.0%	1.2%
アフィリエイト		−	−	−
SNS		−	−	−
ディスプレイ広告		−	−	−
メール★		100	500	1000
		5.2%	5.2%	5.2%
その他		−	−	−

サイトの流入を分類する

★が付いていない「アフィリエイト」「SNS」「ディスプレイ広告」に関しては別管理するので、セッションに関する計画を立てません。アクセス解析のとき、これらの数字は別の表で管理します。サイト運営においてはノイズになりうる部分なので、見なくていいのです。

トップページのA/Bテストをして改善しましょうという話はよくあると思います。しかし、トップページを改善しているときに、突然外部からよくわからないトラフィックが大量に来るかもしれない。そして今まで良かった離脱率が上がったり、コンバージョン率がすごく悪くなるということが起こりえます。それってすごく困りますよね。でも、サイト全体で管理するとどうしてもそうなってしまうのです。そういうトラフィックは、たいていこの表の「その他」のリンクから来たり、最近増やした広告やアフィリエイトのポイントサイトから来たりします。

この表では月ごとにセッション数とコンバージョン率の目標値が入っています。「直接」、つまりブラウザのお気に入りなどから来ている人の数は施策では変えることができないので、100のままにしておきます。一方、「SEO」はしっかり対策することによって、セッション数を100から120へとゆるやかに上げていくという計画を立てます。「SEM」に関しては、広告費を5月から積むことにして100から200に上げていく。「メール」については100から500、1000と大きくアップさせる計画になっています。

「SEO」「SEM」を細かく見る場合は「指名」と「一般」というようにキーワードで分けておきます。指名系のキーワードは具体的なブランド名や商品名、一般系のキーワードは「サプリ」や「日本酒」など商品のカテゴリーを指します。たとえば単品通販の場合はほとんど「指名」になりますが、業種が違うとここの設計が変わってきます。

一般論になりますが、指名系のキーワードというのは、テレビCMを実施したり大手ニュースサイトで紹介されたときなどに大きく流入を伸ばしてくれますが、それ以外ではほとんど伸びません。一方、一般系のキーワードはSEOやSEMで対策することで着実に流入を伸ばすことができます。また、指名系のキーワードでブランド名や自社名などを指定すると自社サイトのトップページに、商品名を指定するとその商品紹介ページへランディングします。

トップページの流入を増やすことができたら、次はトップページの改善をしっかりやって、コンバージョン率の向上を目指します。コンバージョン率が2・0%だったら2・2%にしていこうというように、目標値を置いてここから打ち手を考えていきます。たとえば、メールを増やすことでどれだけセッションを増やせるのか、トップページの商品のカテゴリー分けに手を入れることでどのくらいコンバージョン率を上げていけるのか。季節要因もあるので数値は変動しますが、数字が決まると施策も考えやすくなります。

ノイズを減らす方法

しかし、こうやってトップページの改善を積み重ねていっても、予期せぬ流入によって数字が壊されてしまうことがあります。ポイントサイトからの流入や、ツイッターで話題になってセッションが増えたりすると、購入するつもりのないユーザーがたくさん来てしまう。**そういう流入はサイト改善においてはノイズになります。**コントロールするべき項目を絞ってサイトの改善をやっていくとトップページのバナーの出し分けをするだけで、ここのコンバージョン率が上がったねといった検証がしっかりできるようになります。

たとえノイズでも「数字が上がったからラッキー」と思っていると、セッションが購入にどのくらい寄与しているかを分析したときに実は売上が全然増えていなかったという話はＥＣではよくあることです。セッションが増えたから喜ぶのではなく、何が増えたかのか、意図して増えた結果なのかを数字から読み取り理解することが大切です。

数字の見方を変える

アクセス解析では、多くの人が非常に細かい点ばかりを見て改善しようとするのですが、「木」を見すぎてもあまりよくわからない。「森」だけ見ていてもますますよくわからない。だから「林」くらいを見ていきましょう。さっきの表は林を見るためのフォーマットと考えてください。

結局、やみくもにサイト改善をやるなという話なんです。なんとなく商品ページを変えるのではなく、なんとなくトップページのＡ／Ｂテストをやるのではなく、トップページの流入が多い割にはコンバージョン率が低いよねということだったら、トップページのＡ／Ｂテストをすればいい。一般系のキーワードでいきなり翌月のＳＥＯの流入が増えた場合は、その原因が何かをしっかり確認する。あるいはＥＣサイトで、商品ページのフォーマットを全面的に変更した場合、それによってコンバージョン率が良くなったのかをチェックする。

トップページを変えたからコンバージョン率が改善されたのかどうかは、「直接」や「指名（ブランド・会社名）」のコンバージョン率でわかります。こうすることで、サイトを運営するチームでは各担当者が見るべき数字が決まってきます。トップページの担当者は、「直接」から流入しているユーザーのコンバージョン率を上げることを目標にする。SEOの担当者は、SEOの「一般」での流入とコンバージョン率のアップを目標にして商品ページやカテゴリーページを改善する。メールの担当者は、メールからの購入数を最大化することを目標にして、日々のメール運用を設計する。

見なくていいとしていた、「アフィリエイト」「SNS」「ディスプレイ広告」については、先ほどのフォーマットは使わず、別の表で管理します。アフィリエイトは完全にCPAやCPOで見ることができるのでサイトのセッション数は関係ありません。そこは別にコントロールすればいいので、セッション数をサイト全体で見てもしょうがないというのはそういうことです。SNSについても、公式アカウントのコミュニケーションにおけるリツイートやコメント数などエンゲージメントをKPIにしているので、やはりそこの流入は別の施策として、サイト分析とは切り離して考えていきます。

このようにサイトの数字を分けながら管理をしていくと、ページビューに一喜一憂することはなくなります。さらに、アクセス解析担当者だけがサイトの状況を見て改善するのではなく、ウェブ担当者全員が、自分の日々の業務の目標と達成状況を知るために各種データをチェックすることができます。デジタルマーケティングに関わる人は誰でもこうしたデータを見ることができるよう、アクセス解析ツールの集計項目を整備したり、アクセス権を付与しておくことが大切です。

第 8 章

選ばれるブランドになるには

ブランドは何からできているのか

ブランディングは、デジタルマーケティングで今すごく重要だと思っているテーマのひとつです。いかに自社サイトやデジタルの接点の中でブランドを作っていくか。ただし、そもそもブランディングとは何かというところから考えたほうがいいと思っています。

たとえば、ここに名刺入れがあるとします。ひとつは有名な海外のファッションブランド、もうひとつは日本のカジュアルなバッグのブランド、もうひとつは「Made by Nishii」という私が作ったオリジナルの商品だとします。この3つが同じ5000円で売られていたときにどれを買うかというのがブランドだと思うんですよね。人によって選ぶものが違うはずです。**要は、同じ商品、同じ価格のときに「これがほしい」と選んでもらえる理由というのがブランド、ブランディングです。**

オイシックスで一緒に働いているマーケターの元・無印良品の奥谷孝司さんと「なぜ無

印は売れ続けているのか」という話をしたとき、ブランドの重要性について語り合ったことがあります。私は「なぜアマゾンがあれほど売れているのか」ということに関しても「ブランド」だと思っています。多くの人が「ブランディング」と聞くと高級ブランドをイメージすると思います。そして、デジタルでのブランディングというと、サイトを高級感のあるイメージで制作することと考えているのではないでしょうか。無印良品は決して高級ブランドではありません。またアマゾンもほとんど自社商品を持っていませんし、ブランディングのための広告もそれほど実施していないと思います。

じゃあ、アマゾンのブランドってなんだろうと考えたときに思い浮かぶのは、まず配送が速いということ。あとは検索が使いやすいとか、「この商品を買った人はこんな商品も買っています」というレコメンドが参考になるなど商品を買うときの利便性がすごく高い。他社サイトと値段を比較したときに「あっちで買えばよかった」みたいな失望感がなく安心して買える。以前は価格比較サイトでいろいろ調べてから買っていた人も、今はアマゾン一択で買ってもいいなと思える。**アマゾンのブランドは広告で作られたものというより、こういう体験全体がブランドなわけです。**

まず何がブランディングなのか、自社のサイトにどんなブランドを感じさせる要素があるのかを定義することがいちばん大事です。オイシックスで言えば、農薬などを限りなく使っていない、安心安全な野菜が買えること。それによって、家庭での豊かな食卓を実現すること。ですから、安心して食べられるおいしい野菜を提供し続けないとブランドを感じてもらえなくなる。最近では、カットされた野菜と調味料をセットにした商品「キットオイシックス」によって、短時間で料理できる「利便性」も提供しています。料理を食べる人だけでなく、料理を作る人の気持ちになって、忙しい毎日の中にオイシックスブランドの良い体験を増やしていく。

もし、売れるからといってなんでもかんでも取り扱うようになったら、その瞬間にオイシックスのブランドというのはなくなります。これはどんな商品を扱うかの問題ではなく、ユーザーが体験するすべてに影響を与える重要なことです。かつてのブランディング活動というのは、テレビCMなどで自社のイメージやメッセージを広く伝えることが中心でした（これがすべてだったわけではありませんが）。しかし、企業だけでなく消費者が情報を発信する時代だからこそ、自社サイトやSNSなども含めた接点において、自社のブランドをどう体験してもらえるかを意識することが重要です。

ブランドとカスタマージャーニー

先ほど、アマゾンは商品が届くのが速いこともブランドだと言いました。だからアマゾンは配送に対してどんどん投資をしています。でも世の中の会社がみんな配送に対して、アマゾンと同じことができるかというと体力的に難しい。じゃあどうするか。**オイシックスだったら、週に1回、おいしい野菜がちゃんと届くという体験をいかに磨いていくかというのがブランドだと思っています。**そして、自宅で豊かな食生活を感じてもらうためにいろいろな仕掛けを作っていって、お客様にオイシックスを少しずつ好きになってもらうことが重要です。

デジタルマーケティングがすごく面白いと思うのは、お店やサイトはもちろん、商品が自宅に届いてからも企業とお客様がつながっているということ。届いた箱を開けて、調理する前にレシピを検索したり、作った料理をSNSにシェアしたり。スマートフォンが普及したことによって、ＰＣ中心の時代には語られることの少なかった**「カスタマージャーニー」**に注目が集まっています。

カスタマージャーニーとは、顧客が商品やサービスをどのように認知し、関心を持ち、購入に至るかというプロセスを可視化し、改善していくことです。このジャーニーを考える際に重要なのは、**1回だけの購入プロセスではなくて、何度も繰り返し購入するプロセスまで考えること。**そして、**企業の都合で「お客様にはこういう道筋をたどってほしい」というストーリーを作るのではなく、各プロセスにおいて「買いたくなる気持ち」を生み出す仕掛けを少しずつ作っていくこと**だと思います。

たとえば主婦の方にインタビューしていると「スーパーに行くのがめんどう」という話を聞きます。それは、スーパーに行くという行動だけじゃなくて、レシピを考えなくてはいけないとかそういうことも含めてなんですね。今日の晩御飯、子どもにお魚で料理を作ってあげたいけれど、自分の手持ちレシピは２つしかない。そのどっちにしようかなと考えるだけですごく気が重いというときに、オイシックスのアプリを開けば今日のレシピを決めてくれる。出荷される時期が限られる茶豆のような商品を買った人には、翌年も忘れないようにリマインドする。そういう体験までちゃんと作ってあげれば、もしかしたらオイシックスは、スーパーマーケットを超えた体験を提供できるかもしれない。

私はこういうことがブランディングだと思っているので、高級ブランドみたいな見せ方をするということではないんです。

アマゾンにどう向き合えばいい？

アマゾンはＥＣを代表するグローバル企業ですが、ＡＩやドローンの活用からクラウドサービスＡＷＳの運営まで含めて、テクノロジー企業としても大きな存在感を持つようになりました。このアマゾンにどう向き合えばいいのかは、ＥＣ事業者だけでなく、小売関連の業界にいる人のほとんどが考えていることだと思います。

ただ、そのアマゾンと比べてもすごく強いなと思うＥＣのブランドが日本にあります。

スタートトゥデイが運営している「ZOZOTOWN」です。ZOZOTOWNで売っている商品はアマゾンとそれほど変わらない。もちろん、ZOZOTOWNにしかないアパレルブランドもありますから品ぞろえは確かに多いと思いますが、彼らの強みはそこではなく、ファッションに特化した商品の見せ方をしているところにあります。モデルがかっこよく着ているだけではなく、いかにディテールをよく見せるか、この角度から見たいというアングルの写真を載せるか。また、「WEAR」というコーディネート共有サービスを立ち上げ、モデル・タレントや一般ユーザーが写真を投稿し、着こなしやアイテムを紹介しています。**こういうことを積み重ねることで、ZOZOTOWNに行ったときのほうが買いたい服が見つかるし、服を買いたい気持ちにもなれる。**

ZOZOTOWNの箱は、毎回届くたびにかっこよくなっているんですよね。アマゾンの箱で届くより、ZOZOTOWNの箱で届いたほうがかっこいいと思う人は、同じ価格だったらZOZOTOWNで買いますよね。だから、EC事業者が考えるべきなのは、まさにこういう体験を自社サイトでどう作るかということなんです。それが配送の速さなのか、品ぞろえなのか、コンセプトなのかはその企業によって異なりますが、そこをちゃんと深堀りしていったうえで、自社ブランドの体験を作っていく。

アマゾンは確かに脅威ですが、我々がやるべきなのは自社ブランドをいかに磨いていくかです。オイシックスは「アマゾンフレッシュ」という、生鮮食品や日用品を注文から最短4時間で届けるサービスに商品を出しています。アマゾンを使っているお客様にオイシックスの良さを知ってもらい、定期的にオイシックスの野菜を使って料理をしたいなと思ったときに、オイシックスのサイトでしか体験できないようなサービスを提供できるようにしておく。こういうのもアマゾンとのうまい付き合い方かなと思います。

第9章

社内調整とチームづくり

2か月前に書かれたメルマガ、読みたいですか？

デジタルマーケティングの組織づくりや社内調整についてはよく相談をいただきます。オイシックスはECの会社なので、デジタルマーケティングの体制はできていると思うのですが、私の前職や現在お手伝いしている企業のほとんどは、デジタルの接点がない時代から商品を販売しています。全国に店舗を持っていたり、オフライン通販が中心で現在も売上の中心を占めています。このような企業の多くは、放映の半年前からテレビCMのプロジェクトをスタートし、カタログなどの印刷物の制作も郵送の3か月前には開始するのが普通です。莫大なコストがかかりますし、いったん配布されたらウェブのように情報の更新ができないため間違いは許されません。時間をかけて社内の各部署を回覧し、内容の確認作業が行われます。

ここまでは良いのですが、デジタルの施策においても同じようなことが行われているのは問題です。たとえばメールマガジンも印刷物と同じように、配信の2か月前に企画して、1か月前に社内を回覧する。様々な部署から指摘が入り、気づくとメルマガの内容はお客様に伝えたいことと同じくらいの分量の注意書きだらけになっている。そんなメルマガ読みたいですか？　いろんなサイトで買い物をして、送られてくる注文完了メールや商品発送メールに目を通すと、「これはかなり昔に作った文面だな」とか「たくさんの人がチェックしたんだろうな」と思わせる内容になっていることがよくあります。

本書の第1章で触れたように、デジタルマーケティングはいかにリアルタイムの情報をタイミングよく提供するかも重要なことのひとつ。サイトの改善も日々行うべきだし、SNSの投稿は毎日その時その場所で起こったことを共有したほうがユーザーに好まれます。「うちもそうしたいんだけど、どんな体制を作ればよいのか」と思っている人は多いはず。この章では、デジタルマーケティングを担当する部署が、どういう体制ならスピーディに活動し、成果を上げられるのかを考えてみたいと思います。

デジタル部門は組織横断型のチームに

デジタルの部署を立ち上げて、他部署とは違うスピード感で施策を実施すると、最初は距離を置かれたり、時には冷たい視線にさらされるものです。社内にいる人のほとんどは自社のサイトを見たり、日々の業務でPCを使ったり、生活の中でスマートフォンを使っています。毎日SNSに投稿したり、検索している人もたくさんいるでしょう。デジタルマーケティングはそれほど遠い存在ではないはずです。それでも、そこに関わろうとしない人は多い。

しかし、結果が出るにしたがって、そういう人たちも評価を変えていきます。私がお手伝いしている会社でも、最初の頃は「売上が小さいくせに、勝手なことをする部署」と思われていましたが、結果が出ると不思議なもので、「今の会社にとって非常に重要な部門だ」という認識に変わり始めます。この段階では、社内から一定の理解は得たけれど、デジタルマーケティングは「難しそう」「自分にはできない」「わからない」と考えている人がまだまだ多い状態です。

そこで次の段階に進むために、デジタル部門を社内を横断する部署にします。他部署と連携し、彼らの施策をデジタルの手法でサポートしていくのです。たとえば、常に新しい商品を探しているバイヤーのために、自社サイトに新商品を売り込めるフォームを用意して、リスティング広告を実施する。そうすれば、労せずして新たな取引先が見つかるかもしれません。採用サイトを立ち上げるときには、コンテンツにＳＥＯの要素を入れてディレクションし、応募者を去年よりも増やす工夫をする。つまり、**「デジタル部門と一緒にやると、自分たちの部署にいいことがある」と思ってもらうことが大切です。**一緒にプロジェクトを進めていく中で、社内のデジタルリテラシーを上げていくこともできます。

全国に支店がある企業では、オムニチャネルを推進するために、デジタル担当者が全国をまわってＥＣの研修をしている場合もあります。私自身も前職では全国のビューティカウンセラーさんにＳＮＳの研修などを実施しました。こうした活動をしていくと、社内から「うちの会社はＬＩＮＥやらないの？」と聞かれたり、「店舗でインスタグラムのアカウントを立ち上げたいんだけど、相談していいですか」という声がかかるようになります。

お客様も自分も毎日スマートフォンを使っていることはわかっていても、いざ仕事としてデジタルマーケティングが社内で回り始めると、そのスピード感に気後れしたり、これまでの自分の仕事を否定されたような気持ちになる人も少なくありません。そうした感情に配慮しながら、少しずつ信頼を積み重ねていくことができれば、デジタルマーケティングの部署は会社全体に関わる横断的な組織となります。そして最終的には会社そのものが、旧来の体制ではなく、「デジタルありき」の新しい体制に移行していくべきだと考えます。

まず、デジタルの部署は従来のスピード感とはちょっと違うということを社内で理解してもらうことです。「理解されない」という話もよく聞きますが、**そのようなときは最終的には自分自身が責任を持って強引に突破しましょう**（笑）。これはもう覚悟でしかない。「他部署の理解が少なくて」なんて言ってる人自身が一番カッコ悪いんだと自覚してほしいと思います（笑）。

社長がデジタルを理解していない会社

社内調整に関しては、ある程度トップダウンも含めて動かしていかなければいけないのですが、社長がウェブを理解していない会社も結構ありますよね。これは以前から言っているのですが、**トップがデジタルを理解していない会社なんか、先がないから辞めたほうがいい（笑）**。

前職のとき、社長とこんなやりとりがありました。ＬＩＮＥがサービスを開始してみんなが使い始めた頃、ＬＩＮＥの公式アカウントを開設し、さらにＬＩＮＥスタンプを作ると何千万もかかるというので「そんな金額出せないよ」と思っていました。そうしたらトップから「なんでＬＩＮＥやらないの？」と言われたんです。私はびっくりして「なぜですか？」と聞いたら「だって、お前もＬＩＮＥを使っているでしょ」と。

今と違ってＬＩＮＥが始まったばかりだったので、私は若い人しか使わないと思っていました。でもよく考えてみたら社長も一応使ってるし、私もアプリをインストールしていた。この状況で今やらないってどういうことだと。他社がやった後に始めても儲かるわけないだろうと。すごい怒られたんですよね。

前職ではいろんなことをやって、もちろん失敗もたくさんしたけれど、そこに対してトップからネガティブなことは言われませんでした。そこまで理解がある方と一緒に仕事ができたのは、自分のキャリアにとっても本当に大きかったと思います。だから、やるなら社内で叩かれても覚悟を持ってやる。そして、トップの理解がない会社だったらさっさと辞めたほうがいいと思います。この本は今からデジタルマーケティングの世界に入る人や、自社の取り組みを見直したい人向けに書いていますが、もう一度繰り返しますと、トップがデジタルを理解していない会社なんか、先がないから辞めたほうがいい（笑）。

人材不足はチャンス

デジタルマーケティングに取り組む会社が増えていく一方で、デジタルに詳しい人材の不足は深刻だと思います。私はデジタルのマーケティングを14年くらいしかやっていないのに、「生き字引」と呼ばれている状態です。これは本当に問題だと思う。

私は大学の土木建設工学科を出ていて、本当だったらゼネコンに就職するような人生だったと思います。建設業界で十数年くらいのキャリアしかなかったら、部下を持つどころか、今でも諸先輩方にいろいろ教えてもらう状態でしょう。そう考えると、デジタルマーケティングに強い人材が不足しているというのは、逆にチャンスだなと。今からでも、まだ何かできる状態だということです。

アフィリエイトもリスティングもフェイスブック広告も、しっかりやり切っている会社はまだまだ少ない。だから、まず自分自身でやる。もしくは、それに詳しい人たちと組む。今、本気でフェイスブック広告に1年間取り組んだら、おそらくトップレベルになれるはずです。フェイスブックも1年後には仕様が変わっているでしょう。でも、最新情報をキャッチアップして実際に運用してみる。そうしたら、フェイスブック広告に関して、日本でたぶん1位になれるチャンスはいくらでもあると思います。

だから人材不足というのはチャンスだし、今から本気でやる意味がある。私がこういう本を出そうと思ったのも、デジタルマーケターをもっとたくさん育てなければいけないと思っているからです。私自身が成功してきた体験を共有して、デジタルマーケティングをやる人が増えていけば、いろんな業界で取り組みが増えて、組織内部での理解も進んでいく。

「デジタルマーケティング」なんて言うと難しく聞こえるかもしれませんが、要はウェブやアプリをもっとうまく使いましょうということなんです。それらをうまく使えるようになるだけでどんないいことがあるのか、もっと多くの人に知ってほしいと思います。

ＥＣの部署にはどんな人が向いている？

これから部署を立ち上げて自社ＥＣをやってみようという会社もあると思います。あるいはＥＣ事業を伸ばしたいので人員を増強したい。そんなとき、どんな人材が必要なのか。あるいは、２人目、３人目に入れるのはエンジニアなのか、マーケターがいいのか。

部署の立ち上げやチーム編成はすごく重要なので、どんな人を入れればいいのか悩みますよね。

増員する場合は、その人の専門領域やどのレイヤーに配置するかによっても変わってきます。**私がECの部署にいちばん向いていると思うのは、モールで店長をやっていた人です。**特に楽天はたくさん商品があって競合も多い。その中で勝ち抜いていくのは結構大変なことです。ただ、楽天でのノウハウが自社のECに通用するかと言うと通用しません。全然違う商売だと思ってください。

結局ECも商売なので、お客様が何を買いたくなるか、どこに注力すれば売上を伸ばせるのかという感覚を持っているかどうかですね。楽天の中には似たような商品がたくさんあるので、価格競争にしかなっていない商品のページをいくら作り込んでも楽天の中では売れないということがわかるかどうか。そういう商売の感覚があって、それがウェブの知識とちゃんとリンクしているという意味で、まずモールの店長経験者がいると強いんじゃないかと思います。

たとえば楽天の店長だったら、楽天内部でSEOをやっているはずです。それが自社のECサイトになったとき、楽天の内部じゃなくて、外部に対してどういうSEOをするか。どんなキーワードで検索されたら買ってもらえるのかという発想ができるか。そこから、リスティング広告という次の学びに入っていくことになると思います。

社内にゼロベースで部署を立ち上げるときも、まずモールの店長経験者を入れて、次は店長に近いような業務をやったことがある人というかたちで1人、2人と増やしていくのがいいと思います。そして、その人たちが成長してデジタルマーケティングをおぼえていけばいいチームになるはずです。

専門家も必要です

デジタルの世界は変わるのが本当に速いので、昔SEMをやっていましたとか、代理店で広告の運用していましたということ自体はそれほど価値にはなりません。むしろ商売をしっかり理解したうえでデジタルマーケティングの勉強をしたほうがいい。自社の商品では広告をどう活用していけば売れるのかというノウハウにつながりやすいからです。経験を積むためには、まずそういうところから入っていけばいいと思います。

また、アフィリエイトでもＳＮＳでもいいのですが、何かの分野でしっかり成果を出していて、他のマーケティング施策についても学ぼうとする積極性がある人には、マーケターとして成長するための機会を与えることも大切だと思います。「あの人はソーシャルの担当でしょ」と決めつけて、社内にいる人材の能力を引き出せないのは非常にもったいない。

一方で、何らかのスペシャリストが必要になる場合もあります。たとえば既にサイトを運営していて、次の改修でサイト内検索のパフォーマンスを改善したいということであれば、結構テクニカルな話になります。オイシックスでは、ＡＩに近いものを導入していますが、そうなるとＡＩに関する知識がある程度必要になるので、素養がない人はついていくのが難しかったりする。また、広告予算が年間で10億、20億という規模になる場合も、やはり専門家がいたほうが運用が安定すると思います。

いずれにしても、自社の課題がどこにあるのかをまず把握することですね。課題が「新規獲得」にあるのか、「リピート」にあるのかがはっきりしていれば、そこに合う人材を採ればいい。ファッションECのサイトだったら、ZOZOTOWNと比べて何が必要かを考える。そして、マーケティングじゃなくてファッションの専門家が必要だったらそういう人を探せばいいし、テクノロジーの知識が必要だったらエンジニアを採用する。そこはしっかり状況を把握したうえで、方針を決めたほうがいいと思います。

第10章

［まとめ］
デジタルマーケティング
10のメソッド

最後の章になりますが、本書で説明してきたデジタルマーケティングの基本的な考え方を、あらためて10のメソッドとしてまとめました。日々の業務の中で迷ったとき、判断を迫られたときの指針として振り返ってほしいと思います。

1・デジタルマーケティングだからこそ売れる仕組みを作る

マーケティングというのは「売れる仕組みづくり」と考えることができます。デジタルの接点や手法が増えたことによって、会員登録、商品購入、資料請求、SNSのID連携やアプリのインストールなどをきっかけに、お客様と継続的にコミュニケーションしやすい環境になりました。「購入」という点で捉えるのではなく、接触から初期購入、リピートといった売れる仕組み、さらには「売れ続ける仕組み」をどのようにしたら構築できるのかをまずは考えます。自社のビジネスモデルを理解し、この仕組みの構築こそが、最初にやるべき最も重要なことです。

2・デジタルマーケティングの特性は「検索性・双方向性・即時性」

多くの人がPCでブラウザを利用していた時代のウェブマーケティングから、スマートフォンが主流の時代になり、位置情報やSNSなど多様なデータを利用したデジタルマーケティングへ範囲は広がりつつあります。オフラインのマーケティングと大きく異なる特性として「検索性（情報を検索して比較検討できる）」、「双方向性（企業だけでなくユーザーも情報を発信できる）」「即時性（リアルタイムに適したコミュニケーションができる）」があります。

たとえば、テレビで紹介されたレストランに予約が殺到する、番組で紹介された商品がコンビニの棚からなくなるといった現象は、「検索性」と「即時性」です。サッカーの試合中継を見ながらツイッターに投稿し、議論したり感情を共有したりするのは「双方向性」と「即時性」が強いメディアならではと言えます。現在行っている企業の活動をデジタルマーケティングに変換する際は、まずはこの3つの特性に留意して、どう対応すればいいかを考えるとようにしましょう。

3・まずは売上における顧客構造を理解する

売れる仕組みを構築するためには、自社の売上がどのような顧客からもたらされているのか、その構造を理解する必要があります。そのとき、まずやるべきなのは「新規顧客」と「継続顧客」に分けること。新規顧客はどのくらいのコストをかけて獲得しているのか、どのくらいの割合で新規顧客が継続顧客に転換しているのか、継続顧客が離脱する時期や割合などをしっかり見ていきます。このとき、通販で使われている「階段図」などの表を使って分析するとよいでしょう。

商材やサービスによる違いはありますが、一般的に1年以上使っているユーザーの割合（継続率）が50％以上になると、売上は年々増加していきます。継続率が50％より低い場合は、新規顧客を獲得し続けないと売上が伸びる構造にはなりません。まずはこの構造を理解して、正しい施策、やるべき施策にフォーカスしていきます。

4・リテンションではF2に注力する

お客様との関係性を維持する「リテンション」では、顧客全体を平均で見るのではなく、特に「2回目」の購入に至る割合（F2転換率）がどのくらいあるかを重視します。初回が有料での購入の場合は30～40%、初回が無料サンプルの場合は10～20%くらいの数字が必要です。3回目以降の転換率はどちらも60～70%となります。

「また使ってみよう」と思える体験は非常に重要です。マーケターは、どのリテンション施策よりも、この2回目の利用に注力する必要があります。そのためには、顧客体験の入口となる「商品・タイミング・コミュニケーション」の3つの観点から施策を考えていきます。デジタル化によって、特に重要な「タイミング」の施策が、ほぼリアルタイムに近いかたちで可能になりました。この強みをしっかり活かしたいものです。

従来言われてきた「新規とリピート」の考え方は、デジタルマーケティングではより柔軟なものになります。自社の商材、ビジネスモデルによって、何をもって「F1」「F2」とするか。その定義を自分なりに考えておきましょう。

5・CRMでは「恋愛」のようにお客様の気持ちを考える

デジタルマーケターは、お客様をデータで見がちになります。長期的にお客様と関係を築いていくCRMにおいては、付き合いの長さや深さによってコミュニケーションを変えることがいちばん重要です。付き合いの浅いお客様には頻度を高く、自社を理解してもらうためのコミュニケーションを行う。付き合いが深いお客様にはしつこく自社をアピールせずに、特別な顧客であることを感じてもらえるよう記念日やロイヤルティプログラムなどを企画し、長期的に利用していただけるような関係性を構築しましょう。

6・広告費は回収期間を考えて設計する

広告費は「売上全体の○%まで」という考え方ではなく、広告費の回収期間とお客様が利用してくれる期間を把握して決めます。平均利用年数が1年間の場合、広告の投資回収の目安は6か月から8か月となります。

商品がニッチでなくなるほど、自社サービスが拡大するほど、新規顧客の獲得効率は悪くなります。広告予算を決める前にやるべきなのは、既存顧客に対するコミュニケーション方法を変えるなどして、広告投資しても回収しやすい状態を作っておくことです。最初から「広告費は出せない」と決めつけたり、湯水のように垂れ流すのではなく、すべては「投資回収」の考え方から予算を決定する必要があります。

7・優先度の高い広告から実施する

まずは顕在化しているユーザーにアプローチするSEM、アフィリエイト、SEOなどをしっかりやり切ることが大切です。その後、潜在ユーザーにアプローチしやすいSNS広告やディスプレイネットワーク広告などを選択します。SNSはサービスによってやれることが違うので、それぞれの特徴をよくつかんで実施することが重要になります。

8・サイト改善はKPIが重要

ECを例にすると、サイトの売上は「セッション（訪問者）数×コンバージョン率×注文単価」という計算式で考えることができます。しかし、予期せぬかたちでトラフィックが増えたり減ったりすることがあるため、数字を評価できない場合もあります。サイトの売上をどう作るかを考えるときは、見るべき数字とノイズとして排除すべき数字に分けることが大切です。大きくは「直接（ブラウザのお気に入りなどからの流入）」「SEO（指名／一般）」「SEM（指名／一般）」「メルマガ」などに絞って、それぞれKPIを年間で計画していくと、サイト改善がやりやすくなります。

9・カスタマージャーニーを意識してブランドを伝える

お客様との接点が多様化したデジタルマーケティングでは、企業からの一方向的なブランディングコミュニケーションだけではうまく機能しないことが多くなってきました。

マーケターはカスタマージャーニーを意識して、顧客との接点において自社ブランドを体験してもらうための仕掛けを作っていく必要があります。

購入前、購入後、商品が届いたとき、届いてからのレシピを考える時間、料理中、食事中、食後の片付けなど、様々なシーンを考えることでやるべき施策が見えてくると思います。

10・全社で強いチームを作る

デジタルマーケティングに取り組む強いチームを作るには、既存のルールではない、デジタル独自のルールで動けるチームを編成することが大切です。デジタルマーケティングの部門が立ち上がり、ある程度自社内で影響力を持つようになったら、組織を横断するかたちで、各部門においてデジタル施策を掛け算のように使える組織になることが理想です。

あとがき

最後まで読んでいただいてありがとうございました！

この本は、私が所属するオイシックスドット大地株式会社に入社してきた人や、私が代表を務める株式会社シンクロでお手伝いしている企業の方々、さらに「これからデジタルマーケティングを勉強するためにどうすればいいですか？」という人に向けて書いたものです。ここには２０１７年現在におけるデジタルマーケティングの取り組みの基礎が詰まっています。

私と同じようにデジタルマーケティングに長く取り組んできた人にとっては「少し簡単だった」という感想もあるかもしれません。しかし、ところどころ参考になることもあったのではと思います。というのも、私がシンクロで仕事をしているとき、本書にまとめたフレームワークをもとに企業の課題を抽出し、実行する施策にフォーカスするという手順をとっているからです。このアプローチによって課題が可視化され、デジタルマーケティングの手法を使って取り組んだ結果、ありがたいことに大きな成果へとつながっています。

それはなぜなのかを考えると、おそらくデジタルマーケティングが多様化し、個々の施策においては詳しい人はいても、「売れる仕組み」「売れ続ける仕組み」を構築できる人がまだまだ少ないからかもしれません。

私がデジタルマーケティングに取り組み始めた当時は、まだSEOの話が出てきたばかりで、SEMもアフィリエイトも聞いたことがありませんでした。SNSやスマートフォンも現在のような使われ方はしていません。

幸いなことに私はウェブマーケティングの初期からこの仕事に携わり、新しい手法が登場するたびに勉強して、それなりに深い理解を持つことができました。しかし、「今からデジタルマーケティングに取り組むので全体を俯瞰して考えてみたい」という人にとって、その全体を把握することはかなり難しいのではないかと思います。

という私もまだまだ勉強中の身です。たくさんの本を読んだり、先駆者の講演を聴いたりすることで、新しい知識と既存の優れたメソッドを自分のマーケティングに取り込み、実践していくことを日々行っています。

デジタルマーケティングは広く、そして深い（大変‼笑）。

ですので、まずは本書を読んでデジタルマーケティングの全体像をつかんでいただき、自社での施策の中で実践していただければと思います。最初は、ＳＥＯでもアクセス解析でもなんでもいいと思います。私のようにデジタルマーケティングの面白さにのめり込んでいってください。

デジタルマーケティングは実践こそ重要で、知識だけではなかなか結果が出ません。結果をともなう実践には、深い知識を持ったうえで「お客様のことを考える」ということがとても重要です。買いたい気持ちを作るには、この「考える力」こそが今後さらに重要になってくると思います。

私の趣味である将棋もルールを理解しただけでは勝負に勝てません。そして、ルールを理解して戦術を勉強し、実践を繰り返しても、プロの棋士たちは毎回対局で悩み、長時間考えています。有名な棋士である羽生善治さんは「ＴＥＤ×Ｔｏｋｙｏ」というイベントで次のように語っていました。

「相手の立場に立って、相手の価値観で判断しないと意味のないことになり、その後に考えた手も全部ムダになってしまう」

あらためて、マーケティングにおいても、お客様の価値観にそって考えることが非常に重要だということを本書の締めとしたいと思います。

２０１７年９月　西井 敏恭

本書について

[MarkeZine BOOKS]

本書は「MarkeZine BOOKS」シリーズの1冊です。本シリーズは、翔泳社が運営するマーケティング専門情報メディア「MarkeZine」が、マーケティングの基礎知識や注目トピックについてわかりやすく解説した書籍をお届けします。

[本書について]

2017年3月にEC専門情報メディア「ECzine」が主催した読者イベントで行われた、西井氏とECzine編集長のトークショーの内容をもとに加筆・再構成したものです。

MarkeZine　https://markezine.jp/
ECzine　https://eczine.jp/

※本書に記載された画面キャプチャ、URL等は予告なく変更される場合があります。

※AISASは電通の登録商標です。その他、本書に記載されている会社名、製品名等は、それぞれ各社の商標および登録商標です。

※本書の出版にあたっては正確な記述につとめましたが、著者や出版社などのいずれも、本書の内容に対してなんらかの保証をするものではなく、内容やサンプルに基づくいかなる運用結果に関してもいっさいの責任を負いません。

[読者特典をダウンロードできます!]

本書を購入した方に、顧客と売上の構造を分析する表「階段図」(Excelファイル)をプレゼント。サンプルデータや解説、テンプレートが入っています。こちらのURLからご応募ください。

https://www.shoeisha.co.jp/book/campaign/digital_promo

本書に関するお問い合わせについて

翔泳社では、読者の皆様からのお問い合わせに適切に対応させていただくため、以下のガイドラインへのご協力をお願い致しております。下記項目をお読みいただき、手順に従ってお問い合わせください。

●ご質問される前に

弊社Webサイトの「正誤表」をご参照ください。これまでに判明した正誤や追加情報を掲載しています。

正誤表　https://www.shoeisha.co.jp/book/errata

●ご質問方法

弊社Webサイトの「刊行物Q&A」をご利用ください。

刊行物Q&A　https://www.shoeisha.co.jp/book/qa/

インターネットをご利用でない場合は、FAXまたは郵便にて、下記"翔泳社 愛読者サービスセンター"までお問い合わせください。電話でのご質問は、お受けしておりません。

●回答について

解答は、ご質問いただいた手段によってご返事申し上げます。ご質問の内容によっては、回答に数日ないしはそれ以上の期間を要する場合があります。

●ご質問に際してのご注意

本書の対象を越えるもの、記述個所を特定されないもの、また読者固有の環境に起因するご質問等にはお答えできませんので、予めご了承ください。

●郵便物送付先およびFAX番号

送付先住所　〒160-0006　東京都新宿区舟町5

FAX番号　03-5362-3818

宛先　（株）翔泳社 愛読者サービスセンター

［著者紹介］
西井敏恭（にしい としやす）
オイシックスドット大地株式会社 執行役員 CMT（チーフ マーケティング テクノロジスト）、株式会社シンクロ代表取締役社長。1975年5月福井県生まれ。2年半にわたって世界一周しながらアジア、南米、アフリカ各地で旅行記を更新。Webサイトがクチコミで広がるなど大人気となる。帰国後、EC企業にてWebマーケティングに取り組む傍ら、旅行を続け訪問した国は100か国以上。世界一周したWebマーケティングのプロとしてデジタルマーケティングフォーラム、ad:techをはじめ、全国で講演を行い、雑誌や新聞、テレビなどメディア掲載多数。オイシックスドット大地株式会社ではデジタルマーケティングを推進するために、ECやIT部門を管轄し、株式会社シンクロではコンサルティング事業を軸に、主に大手企業でのデジタルマーケティングに取り組んでいる。

ブックデザイン　小口翔平＋三森健太（tobufune）
DTP　BUCH＋
インタビュー　倭田須美恵（翔泳社ECzine編集長）
編　集　井浦 薫（翔泳社MarkeZine編集部）

デジタルマーケティングで売上の壁を超える方法（MarkeZine BOOKS《マーケジン ブックス》）

2017年10月23日　初版第1刷発行
2021年11月 5日　初版第6刷発行

著　者　西《にし》井《い》敏恭《としやす》
発行人　佐々木幹夫
発行所　株式会社翔泳社（https://www.shoeisha.co.jp/）
印刷・製本　株式会社加藤文明社印刷所

※本書へのお問い合わせについては、前ページに記載の内容をお読みください。
※落丁・乱丁はお取り替えいたします。03-5362-3705までご連絡ください。

ISBN978-4-7981-5374-2　Printed in Japan